管道运输和综合运输

交通百科编委会　编著

中国大百科全书出版社

图书在版编目（CIP）数据

管道运输和综合运输 / 交通百科编委会编著 .
北京 ：中国大百科全书出版社，2025. 1. --（交通百科）.
ISBN 978-7-5202-1822-1

Ⅰ . U1-49

中国国家版本馆 CIP 数据核字第 202521DD92 号

总 策 划：刘 杭 郭继艳
策划编辑：马 蕴
责任编辑：马 蕴
责任校对：梁嬿曦
责任印制：王亚青
出版发行：中国大百科全书出版社有限公司
地 址：北京市西城区阜成门北大街 17 号
邮政编码：100037
电 话：010-88390811
网 址：http://www.ecph.com.cn
印 刷：唐山富达印务有限公司
开 本：710mm×1000mm 1/16
印 张：10
字 数：100 千字
版 次：2025 年 1 月第 1 版
印 次：2025 年 1 月第 1 次印刷
书 号：ISBN 978-7-5202-1822-1
定 价：48.00 元

总　序

这是一套面向大众、根植于《中国大百科全书》第三版（以下简称百科三版）的百科通俗读物。

百科全书是概要记述人类一切门类知识或某一门类知识的完备的工具书。它的主要作用是供人们随时查检需要的知识和事实资料，还具有扩大读者知识视野和帮助人们系统求知的教育作用，常被誉为"没有围墙的大学"。简而言之，它是回答问题的书，是扩展知识的书。

中国大百科全书出版社从 1978 年起，陆续编纂出版了《中国大百科全书》第一版、第二版和第三版。这是我国科学文化建设的一项重要基础性、标志性、创新性工程，是在百年未有之大变局和中华民族伟大复兴全局的大背景下，提升我国文化软实力、提高中华文化国际影响力的一项重要举措，具有重大的现实意义和深远的历史意义。

百科三版的编纂工作经国务院立项，得到国家各有关部门、全国科学文化研究机构、学术团体、高等院校的大力支持，专家、学者 5 万余人参与编纂，代表了各学科最高的专业水平。专家、作者和编辑人员殚精竭虑，按照习近平总书记的要求，努力将百科三版建设成有中国特色、有国际影响力的权威知识宝库。截至 2023 年底，百科三版通过网站（www.zgbk.com）发布了 50 余万个网络版条目，并陆续出版了一批纸质版学科卷百科全书，将中国的百科全书事业推向了一个新的高度。

重文修武，耕读传家，是我们中国人悠久的文化传承。作为出版人，我们以传播科学文化知识为己任，希望通过出版更多优秀的出版物来落实总书记的要求——推动文化繁荣、建设中华民族现代文明，努力建设中国式现代化强国。

为了更好地向大众普及科学文化知识，我们从《中国大百科全书》第三版中选取一些条目，通过"人居环境""科学通识""地球知识""工艺美术""动物百科""植物百科""渔猎文明""交通百科"等主题结集成册，精心策划了这套大众版图书。其中每一个主题包含不同数量的分册，不仅保持条目的科学性、知识性、准确性、严谨性，而且具备趣味性、可读性，语言风格和内容深度上更适合非专业读者，希望读者在领略丰富多彩的各领域知识之时，也能了解到书中展示的科学的知识体系。

衷心希望广大读者喜爱这套丛书，并敬请对书中不足之处给予批评指正！

《中国大百科全书》编辑部

"交通百科"丛书序

交通运输是人类社会的基本需求，是国民经济中基础性、先导性、战略性产业，是重要的服务性行业。铁路、公路、港口、航道、站场、邮政、民航、管道等公共设施以及各种交通运输载运工具，为人的流动和商品流通提供基本条件，是社会有效运转的基础。交通运输衔接生产和消费两端，保证了人类在政治、经济、文化、社会、军事等方面的交往和联系，在优化国家产业布局、促进经济结构调整、服务社会、改善民生、维护国防安全等方面，起到了重要的支撑和引领作用。

自中华人民共和国成立，中国交通运输经历了从"瓶颈制约"到"初步缓解"、从"基本适应"到"总体适应"的发展历程，快速缩小与世界一流水平的差距，在多个领域实现超越。中国已经建成全球最大的高速铁路网、高速公路网、世界级港口群，航空和海运通达全球。中国高铁、中国路、中国桥、中国港、中国快递成为靓丽的中国名片。规模巨大、内畅外联的综合交通运输体系有力服务和支撑着中国作为世界第二大经济体和世界第一大货物贸易国的运转。交通运输缩短了时空距离，加速了物资流通和人员流动，深刻改变了中国城乡面貌，有力促进了城乡一体化进程，不仅有力保障了国内国际循环畅通，也为世界经济发展做出了重要贡献。

为便于广大读者全面地了解各类交通运输知识，编委会依托《中国大百科全书》第三版交通运输工程学科各分支领域内容，精心策划了"交通百科"丛书。根据主要交通运输方式，编为《航空运输概览》《铁路、桥隧、机车》《公路运输总汇》《水路运输》《邮政》《中外著名港口》《管道运输和综合运输》《智能交通改变生活》等分册，图文并茂地介绍了各类交通运输方式的发展历史、现状和趋势。

希望通过《中国大百科全书》第三版大众版"交通百科"丛书的出版，帮助读者朋友广泛地了解更安全、更便捷、更高效、更绿色、更智能的交通运输系统。传播科学知识，弘扬科学精神，助力交通强国建设，带来更美好的生活！

交通百科丛书编委会

目　录

第 **1** 章　管道运输　1

第2章　综合运输　75

管道运输

　　管道运输是用管道作为运输工具的一种长距离输送液体和气体的运输方式，是一种专门从生产地输送出石油、成品油、天然气、矿物浆料和化学产品的运输方式。

　　管道运输具有运输量大、连续、迅速、安全、可靠、平稳以及占地少、费用低等特点，并可实现自动控制。除广泛用于石油、天然气的长距离运输外，还可运输矿石、煤炭、建材、化学品和粮食等。管道运输可省去水运或陆运的中转环节，缩短运输周期，降低运输成本，提高运

阿布扎比原油管道

输效率。当前管道运输的发展趋势是：管道的口径不断增大，运输能力大幅度提高；管道的运距不断增加；运输物资由石油、天然气、化工产品等流体逐渐扩展到煤炭、矿石等非流体。管道运输业是继铁路、公路、水运、航空运输之后的第五大运输业，在国民经济和社会发展中起着十分重要的作用。

管道勘察设计

管道勘察设计是管道勘察与设计的统称，是油气管道工程建设重要环节，直接影响油气管道工程建设投资效益与质量安全，进而对国民经济发展产生重大影响。

管道勘察设计在管道工程建设中起龙头作用，是提高管道工程项目投资效益、社会效益、环境效益的重要因素。

管道勘察设计承担者需具备相应的勘察、设计资质，必须依法开展建设工程的勘察、设计，严格执行工程建设强制性标准，并对建设工程勘察、设计质量负责。

中国管道勘察设计技术水平伴随每条管道的建设而不断提升和突破。1959年，中国建成建国后第一条原油管道，连接克拉玛依油田与独山子炼厂，全长147千米；1963年，中国建成建国后第一条天然气管道，连接四川巴县（今重庆巴南区）石油沟与重庆化工厂，全长55千米；1972年，建成中华人民共和国成立后第一条成品油管道，连接青海格尔木与西藏拉萨，全长 1080 千米。

中国管道勘察设计主要经历四次跨越。

第一次跨越始于 1970 年 8 月 3 日，"八三"管道工程（大庆至抚顺原油管道项目）启动，是中国勘察设计的第一条长距离大口径管道，掀起中国第一次管道建设高潮，直至 1975 年先后建成庆抚线、铁大线等 8 条管道，总长 2471 千米，形成中国第一个原油管网。当时管道勘察设计处于萌芽期，计算机还未普及，一支铅笔、一个三角板、一个倾斜桌面成为设计工作者必需的"老三样"。

第二次跨越始于改革开放到 20 世纪 80 年代中期，通过逐步消化吸收国外先进技术及与国外公司合作，在山东东营至黄岛输油管道复线、辽宁铁岭至大连管道等运用数据采集与监控（SCADA）系统实现自动控制与密闭输送，管道勘察设计水平达到 20 世纪 80 年代国际先进水平。

第三次跨越始于 20 世纪 80 年后期到 20 世纪末，勘察设计并建成库鄯原油管道、鄯乌输气管道、塔轮沙漠油气管道、兰成渝成品油管道等具有国际先进水平的管道工程，实现原油、天然气、成品油三大介质管道设计技术的全面突破。

第四次跨越始于 21 世纪初，勘察设计并建成涩宁兰输气管道、忠武输气管道、西气东输等工程，创下多个国内外工程之最，引领中国管道跨上国际先进标准的平台。管道系统形成"横跨东西、纵贯南北、连接海外"及"西油东送、北油南运、西气东输、海油（气）登陆"格局，运营水平跨入世界先进行列，管网覆盖 31 个省（区、市）和港澳地区，成就了第五大运输体系。

中国典型管道如下：

1970 年设计的"八三"管道工程，是中国第一条长距离大口径管道。

1975 年设计的中国至朝鲜输油管道工程，是中国第一条延伸至境外的管道。

1985 年设计的东营至黄岛管道复线工程，是中国第一条运用 SCADA 系统实现自动控制与密闭输送的管道。

1987 年设计的依兰达连河至哈尔滨（达哈线）煤气管道工程，是当时亚洲第一条大口径长距离煤制气管道。

1990 年设计的山西尖山至太原金属矿浆（铁精粉矿浆）管道工程，是中国第一条长距离矿浆输送管道。

1994 年设计的塔中四联站至轮一联合站输油管道工程，是中国第一条沙漠原油管道。

1994 年设计的塔中四联站至轮一联合站输气管道工程，是中国第一条沙漠天然气管道。

1996 年设计的库尔勒至鄯善原油管道工程，是中国第一条采用高压力、大站距方案的管道，首次采用 X65 高强度钢管，是 20 世纪末自动化控制水平最高的原油管道。

1998 年设计的忠县至武汉输气管道工程成功解决溶洞区管道敷设、四次长江穿越（两次盾构）、一次汉江穿越的技术难题。其中城陵矶长江穿越，设计全长 4600 米，第一次采用"定向钻＋开挖＋钻爆隧道＋

盾构隧道"四种方式穿越长江。

1999 年设计的涩北—西宁—兰州天然气管道工程，是青藏高原第一条长距离、大口径、高度自动化的天然气管道。

1999 年设计的兰州—成都—重庆（兰成渝）成品油管道工程，是中国当时线路最长、管径最大、顺序输送品种最多的成品油管道，也是全球站间落差最大的管道（1507 米）。2008 年 5 月 12 日，四川汶川地区突发里氏 8.0 级地震，穿越整个地震灾区的兰成渝管道经受住了强烈地震的考验，持续向灾区平稳供油，被誉为抗震救灾"生命线"。

2001 年设计的西气东输管道工程，是中国当时线路最长、管径最大、钢级最高的天然气长输管道，工程规模和工程难度之大均属世界罕见，是"西部大开发"标志性工程。

2003 年设计的西气东输冀宁联络线管道工程，中国首次全面采用航空数字摄影测量和卫星遥感等数字化技术选线和定线。

2004 年设计的西部原油成品油管道工程，全长 1858 千米，是中国第一条采用原油和成品油管道同沟敷设设计技术的管道。

2005 年设计的哈萨克斯坦至中国原油管道工程，全长 976 千米，管径 813 毫米，是中国第一条陆上跨国原油长输管道。

2006 年设计的兰州—郑州—长沙、抚顺—锦州—郑州成品油管道工程，是当时中国输送量最大（1500 万吨 / 年），管道干线长度最长（3693 千米），线路落差最大（2759 米），注入点和分输点最多（7 个注入点、30 个分输点），水力系统最复杂的成品油管道。

2007 年设计的西气东输二线管道工程，全长 9000 千米，管径 1219 毫米，设置 25 座压气站，是中国第一次大规模采用 X80 钢、设计压力 12 兆帕，设计输量 300 亿立方米的天然气管道。

2008 年设计的中缅油气管道工程，是中国第一次原油、天然气、成品油管道三管并行敷设，第一次对连续穿越 56 千米地震九度区开展管道抗震设计。

2008 年设计的中亚天然气管道工程 A/B 线，是中国第一条引进境外天然气的陆上能源通道，起自土库曼斯坦和乌兹别克斯坦边境，穿越乌兹别克斯坦和哈萨克斯坦进入中国，与同期建设的西气东输二线衔接，总长度超过 10000 千米，是迄今世界上距离最长的天然气管道。随后在 2011 年设计的中亚天然气管道工程 C 线起自土库曼斯坦和乌兹别克斯坦边境的格达依姆，经乌兹别克斯坦、哈萨克斯坦，在新疆霍尔果斯口岸入境，与西气东输三线相连。

2009 年设计的中俄原油管道工程及 2016 年设计的中俄原油管道二线工程，穿越 500 千米原始森林无人区和永冻土地带。

2011 年设计的西气东输三线管道工程，第一次采用盾构隧道方式成功穿越黄河，盾构隧道内径 4.25 米，是中国当时长输管道最大直径的盾构隧道。

2014 年设计的济源至洛阳吉利氢气管道工程，是中国迄今最大的纯氢输送管道。

2017 年设计的中俄东线天然气管道工程，最大管径 1422 毫米，最大设计压力12兆帕，采用X80钢，实现数字化从设计向采办、施工、验收、运维等环节延伸，借助智能移动终端、智能感知设备、电子标签等工具，搭建管道全生命周期信息智能综合管理系统，实现管道建设运营可视化、网络化、智能化管理，是中国第一条智能化管道样板工程。

随着科学技术的发展，管道进入智能化时代，勘察设计方法和手段也与时俱进，不断更新和改进，实现了从技术创新到生产力提升的全面转化。设计手段从手工到计算机、从二维到三维、从三维到数字化；测量手段从光学测量到光电测量，从光电测量到卫星测量，从地面测量到空中测量，从手工测量计算到计算机计算；勘察手段从半机械化到自动化、电子化、数字化、信息化，从手工记录到数字化采集。未来，中国将大力发展天然气管网，优化完善原油和成品油管道，提升储备调峰设施能力，提高系统运行智能化水平，伴随互联网+、大数据、人工智能等新技术蓬勃发展，智能油气储运工程勘察设计新手段、新思路正在开启。

管道工程勘察

管道工程勘察是指长距离油气（或其他介质如矿浆、水等）输送管道在工程各设计阶段之前进行的勘察活动，根据管道工程建设要求，查明、分析、评价管道工程建设场地的地质、环境特征、岩土工程条件，并编制勘察文件。

管道工程勘察包括线路地质勘察，河流大中型穿越勘察（包括针对挖沟法、水平定向钻法、盾构隧道法、顶管隧道法、钻爆隧道法穿越的勘察），山体穿越勘察（包括针对钻爆隧道法、顶管隧道法、定向钻法、全断面硬岩隧道掘进机"TBM"穿越的勘察），跨越勘察（包括针对梁式桁架管桥、斜拉索管桥、悬索管桥、悬链管桥、拱式管桥的勘察），场站勘察（包括针对压气站、分输站、泵站、阀室等场地的勘察），伴行道路勘察，水文地质勘察，地基处理与检测。

管道工程勘察采用综合勘察技术，主要包括工程地质测绘与调查，遥感地质解译，工程钻探（包括钻孔、探井、探槽、探洞），原位测试（包括圆锥动力触探试验、标准贯入试验、静力触探试验、载荷试验、现场剪切试验、旁压试验、扁铲侧胀试验等），工程物探（电法、电磁法、地震、声波探测、层析成像、综合测井等），室内试验（包括岩石和土的物理力学指标试验、水质分析试验等），数据信息化处理（外业数据的数字化采集、岩土参数的数理化分析统计及数字化成图等）。

中国的长距离油气输送管道勘察工作可追溯至 1970 年建设大庆至抚顺输油管道时期（"八三"工程），为抢建该工程，组建了勘察设计小分队。1971 年 10 月 8 日，组建了东北输油管道指挥部勘察设计大队。1972 年 10 月 26 日，勘察设计大队扩编为东北"八三"工程设计研究所，下设勘测队。1974 年 2 月 2 日，燃化部（74）燃财劳字第 142 号文批准成立管道局设计研究院。1974 年完成铁岭至大连输油管道工程的勘察工作。1975 年 6 月 27 日，组建石油化学工业部管道勘察设计研究院。1984 年成立石油工业部管道勘察设计院，下设勘察大队，自此，一支专业的管道工程勘察队伍组建完成。2000 年 1 月 10 日，中国石油天然气管道勘察设计院改制为中国石油天然气管道工程有限公司，2001年将原勘察大队改制为中油四维工程勘察有限公司。

2001年3月，经过严格招投标，西气东输管道工程全线10个标段的勘察工作全面展开，中油四维工程勘察有限公司作为拿总单位与中国石油其他6家勘察设计院共同完成全部勘察工作，开启了管道工程勘察的新纪元。随之而来的是更加复杂的国家能源通道工程勘察，包括西气东输二线、三线、四线管道工程，中缅油气管道工程，中俄东线天然气管道工程。其中西气东输二线管道工程勘察线路长度超过9000千米，横跨东西、纵贯南北，集管道工程勘察技术之大成；中缅油气管道工程途经西南地区复杂的山地地貌，穿越横断山脉，勘察难度极大，集管道工程勘察不良地质作用和地质灾害之大成，给勘察技术发展带来极大挑战和机遇，是勘察技术发展的重要里程碑。

管道工程勘察逐步向信息化、数字化、智能化方向发展，从勘察外业的数字化采集到勘察成果的数字化输出、移交及智能化数据统计、分析、评价都得到较快发展，为智能化管道工程设计提供了勘察数据支持。

伴随管道工程勘察技术的发展，中国勘察队伍业已走出国门，在世界管道建设舞台展示中国能力。截至2021年底，先后完成突尼斯、苏丹、利比亚、泰国、乌兹别克斯坦、哈萨克斯坦、缅甸、坦桑尼亚、肯尼亚、乍得、尼日尔、伊拉克、塔吉克斯坦、吉尔吉斯斯坦等国外油气管道的勘察。

管道工程勘察标准的不断制修订体现了管道工程勘察技术的发展。

管道工程勘察技术标准从无到有，从企业标准到行业标准、再到国家标准不断推动管道工程勘察技术发展和创新。1978 年 12 月 16 日，经中国石油天然气管道局研究批复，试行《输油管道勘察设计一般技术原则》，这是中国第一部关于管道工程勘察的企业标准。1989 年发布石油行业标准 SYJ 53—1989《输油气管道工程地质勘察规范》，是中国第一部正式的管道工程勘察规范，1997 年 6 月 27 日发布该标准的修订版 SYJ 53—1997。2004 年 7 月 3 日，发布石油行业标准 SY/T 0053—2004《油气田及管道岩土工程勘察规范》。2010 年 5 月 31 日，发布国家标准 GB 50568—2010《油气田及管道岩土工程勘察规范》，2019 年 8 月 12 日发布该标准的修订版 GB/T 50568—2019。

伴随智能化管道工程设计与建设需求日益迫切，管道工程勘察也将不断应用新工艺、新技术、新设备、新材料，实现勘察成果标准化、模块化、数字化，并在三维地质和勘察大数据方面不断完善与发展。

管道工程测量

管道工程测量是测量学应用于管道工程的分支学科，为管道工程提供空间定位测量。

按照工程建设阶段可分为可行性研究、初步设计、施工图设计、施工、竣工、运营管理 6 个阶段；按照工作特征可分为工程控制测量、地形测量、水域测量、地下管线探测、中线测量、纵断面测量、横断面测量；按照工作内容可分为线路测量、穿跨越测量、隧道测量、站址测量、施工放样等；按照测量手段可分为全站仪测量、水准测量、全球导航卫星系统（GNSS）测量、航空摄影测量、卫星遥感测量、激光雷达测量等。管道工程测量成果包括控制点成果、地形图、管线点成果、中线成果、纵断面图等。

管道工程建设发展与测绘技术进步共同推动了管道工程测量的发展，其发展脉络可分为光学仪器时代、电子仪器时代、GNSS 时代、航遥时代。

光学仪器时代。从 1949 年一直持续到 1990 年前后，这段时间使用的大地测量设备主要有经纬仪和水准仪。经纬仪根据测角原理，通过安置在两个相互垂直转轴上的望远镜实现水平角和竖直角测量；水准仪根据水准测量原理，通过一个水平安置的望远镜测量地面点间高差。此阶段测量工作包括导线控制测量、中线测量、断面测量、水准测量等；测图方法主要有光学大平板测图、经纬仪结合小平板测图，1988 年前后陆续使用夏普计算器（SHARP PC1500）实现数据电子化记录和计算机制图。光学仪器时代设备笨重、操作复杂、计算和绘图工作量庞大，一个测量小组需要 6 ～ 10 人。

电子仪器时代。从 1990 年前后开始，以全站仪为代表的电子仪器成为主要管道工程测量仪器，到 21 世纪初期逐渐被 GNSS 取代。这段时间使用的设备主要有电子测距仪、电子经纬仪、全站仪、电子水准仪。其共同特征是：在传统测量仪器基础上增加了电子观测和记录装置，导线平差和水准路线平差等计算功能集成到仪器当中。该阶段，计算机程序计算、电子平板测图、计算机辅助制图等技术得到普及。

GNSS 时代。从 1990 年开始到 21 世纪初期，GNSS 成为主流测量仪器，2015 年后逐渐被航遥手段超越。GNSS 是基于卫星星座的导航定位系统，起源于美国的全球定位系统（GPS），具有全天候、实时性、高精度的特性；GNSS 家族的第二个成员是俄罗斯的格洛纳斯导航卫星系统（GLONASS），于 2011 年实际运行；2012 年，欧洲航天局的伽利略导航卫星系统（GALILEO）投入运营；中国北斗（BDS）卫星导航系统于 2020 年实现全球组网运行。基于以上全球卫星星座的地基增强网络差分技术、星基差分技术进一步提高了卫星定位的精度和易用性。此阶段，GNSS 被广泛应用于管道工程建设各个阶段。

航遥时代。从 2000 年开始稳步发展，尤其是 2015 年后无人机技术普及，推动航遥技术发展成为主流管道工程测量手段。航空摄影和遥感使用卫星或飞机作为载体，通过可见光、激光、电磁波等手段测量地表物体的空间位置和属性特征，具有效率高、精度好、信息量大等优势。航遥技术发展过程中，高精度惯导技术、卫星差分定位技术、倾斜摄影测量技术、合成孔径雷达（SAR）技术、人工智能（AI）技术成为持续进步的推动力。航遥技术广泛应用于管道建设工程前期的地灾排查、路由优化、施工图测量、竣工测量及运营期的完整性管理。

管道工程测量发展经历了三次重大的里程碑式变革。

第一次是 1988～2002 年，从手工平板制图转换为计算机辅助制图。起步阶段测量员从光学仪器读取数据，手工录入 PC1500 等便携计算器实现电子化；后期则直接使用电子仪器的串口通信或存储功能，采集数字化的原始数据，导入电子测图平板，然后使用制图软件实现地形图、断面图绘制。这次变革抛掉了图板，改变了管道测量对现场手工绘图的依赖，为后续计算机辅助管道设计铺平了道路。

第二次是 2002～2015 年，在"数字管道"和"智能管道"理念推动下，建立管道全生命周期数据规范，管道工程测量成果按照规范以数据库表的形式整理和移交，大大方便了存储和应用。

第三次是 2015 年至今，在航遥技术驱动下，测量成果表现形式突破传统关系数据表及线划图（DLG）的范围，"地理信息"成为这次变革的核心特征。正射影像图（DOM）、数字高程模型（DEM）、三维模型、激光点云、倾斜模型等海量数据成为重要测量成果。测量为管道提供空间数据，基于空间数据和互联网的应用系统成为管道工程测量的深加工产品。

未来，从测量手段上，GNSS 和航遥仍然是主流测量手段。GNSS 设备将更小巧，更低功耗，更低成本，除满足常规定位功能外，会与其他惯导、无人机等设备集成。随着地面基站网络的加密，可实现毫米级精密定位，应用于管道和油气储运设施运营期变形监测。随着无人机技术的快速普及和激光雷达技术的进步，航测和遥感成本会进一步降低，便利性会进一步提高，将广泛应用于管道全生命周期各个阶段。从数据生产到数据服务转型方面，将建立统一的管道基础数据和空间信息模型标准体系，以管道本体为核心，使各类基础数据整理集成入库，形成管道基础数据中心；利用互联网、大数据、空间地理信息集成等技术，以勘测作业过程、管理、服务智能化为目标，构建管道勘测信息化平台系列产品，为管道设计、施工、运维等全生命周期应用提供更高质量的数据服务。

管道工程设计

管道工程设计是指根据管道工程建设项目要求，对所需技术、经济、资源、环境等条件进行综合分析、论证，运用科学技术知识和方法，有目标地创建油气管道产品构思和实施计划，提供有技术依据的设计文件和图纸的整个活动过程。

管道工程设计是管道工程建设项目全生命周期的重要环节，是管道工程建设项目进行整体规划、体现具体实施意图的重要过程，是一系列科学技术转化为生产力的纽带，是处理技术与经济关系的关键性环节，是确定与控制工程造价的重点阶段。

管道工程设计涵盖线路、穿跨越、工艺、配管、机械、总图、自控、电力、通信、消防、市政、防腐及阴极保护、建筑、结构、技术经济等各个方面。管道工程设计伴随中国管道建设的发展历程不断呈现新的变化，每一次变化都是一次创新：设计压力经历了从4兆帕到12兆帕的跃升，设计钢级经历了从16锰到X80的跃变，钢管直径经历了从720毫米到1422毫米的增长。

中华人民共和国成立初期，大口径、长距离油气管道设计技术是在油田集输管道及公路、铁路设计的基础上，边实践、边探索起步的。在以"八三"管道工程为标志的东北原油管网建设中，设计了管径为509～720毫米的管道，掀开了中国管道设计技术发展的序幕。在以库鄯线、东黄复线为代表的油气管道建设中，中国首次采用 X65 钢级、管径 610 毫米、压力 8 兆帕的钢管，全线采用集中调控系统，形成了年输送能力 30 亿立方米的第一代管道设计技术。在 2004 年前后，形成了 X70 钢级、1016 毫米大口径，年输送能力超过 120 亿立方米的第二代管道设计技术。2011 年以来，围绕重点管道工程建设，针对 X90/X100 钢级、管径 1219～1422 毫米、压力 12 兆帕、年输量 300 亿立方米以上等关键技术指标，开展了以"第三代大输量天然气管道工程关键技术研究"重大科技专项为代表的科研攻关，突破了一系列制约管道工程建设与运行的关键难题，使管道建设迈向了第三代。

中国油气管道行业发展时间不长，却实现了规模上从无到有、从小到大，设计技术上从学习模仿到自主研发、从落后到赶超先进的历史性飞跃，尤其"十二五""十三五"期间，随着大规模油气管道建成投产，油气管道建设取得了一系列辉煌成就。中国已经形成横贯东西、纵跨南北、覆盖全国、连通海外的油气管网格局，管道建设向数字化、信息化、智能化、效能化发展，正在逐步形成资源多元化、调配灵活化、管理自动化的产运销体系，油气管道的设计、施工及运营管理水平不断提高。以油气管道工程建设为依托，管道设计理念和设计技术得到全面提升，形成了针对管道工程的一系列设计技术体系，主要包括：1422 毫米大口径管道线路设计技术，油气管道系统分析技术，天然气管网优化设计与调峰技术，成品油管网系统设计技术，管道自动焊接应用设计技术，基于应变的管道线路设计技术，高钢级大口径输气管道线路工程设计技术，基于可靠性的管道系统设计技术，管道线路、站场三维数字化协同设计技术，矿山采空区管道设计技术，长距离输气管道压气站设计及节能技术，无人站设计技术，放空系统设计技术，危险识别与风险评价技术，管道并行敷设技术，河流穿越跨设计技术，管道全生命周期数据管理技术，智能管道设计技术等。

日益增长的油气管道输送需求使管道向大口径、高压力、网络化方向发展，信息化技术的进步推动管道向智能化发展，与此同时，油气管道作为国民经济能源生命线，安全环保要求不断提高。未来，油气管道建设将向复杂环境方向继续延伸，技术发展趋势将集中在油气管道网络化、管道建设智能化、安全管理预防化等方面。基于此，中国油气管道设计技术需要在管道设计理论及方法、管道或管网本质安全、管道建设数字化与智能化等方向持续开展深入研究并付诸实践。

管道防腐施工

管道防腐施工是管道工程防腐涂层的专项施工作业，包括管道防腐工厂预制、现场补口、检漏补伤。

管道防腐工厂预制需在专业的防腐预制厂完成管体防腐层流水化作业施工，预制过程分三个部分：管道表面处理、防腐层涂敷、防腐层后处理及检验。管道表面处理包括下列几道或全部工序：清洗除盐，盐浓度超标的管道应采用清水或含有清洁剂的清水进行清洗；除油，如管道表面有油污，可采用溶剂法、热碱液法、乳化液法、蒸汽法等予以清除；预热，除去管道表面潮气；除锈，采用喷、抛射除锈设备去除管道表面锈蚀，获得需要的锚纹深度；磷化处理，用于进一步清洁管道表面、提高粗糙度并清除可溶盐；管道内吹扫，用于清除管道内留存的磨料、锈尘；除尘，用于清除管道表面残余的灰尘；铬酸盐处理，在管道表面形成一层钝化膜，以利于环氧粉末的吸附和保持。防腐层涂敷分为管道预热和涂装两部分：预热，管道表面经处理后加热至防腐层涂敷所需温度；涂装，采用机械化施工方式将防腐层按要求涂敷在管道表面，按防腐层工艺评定确定的涂敷作业规程完成施工。防腐层后处理包括水冷、预留段处理、小缺陷修补、标识等，防腐层检验包括外观检查、漏点检查、厚度检查及黏结力检查。检测合格后按要求堆放、运输至施工现场。

现场补口指管道环形焊缝处的防腐层施工作业，在管道组焊完毕后进行，分为表面处理、防腐层涂敷、防腐层检测三部分。表面处理一般包括如下步骤：除油，清除管道表面油脂等污物；除盐，盐浓度超标时需清洗除盐；预热，除去管道表面潮气；除锈，根据防腐层类型可选择喷射除锈或机械打磨除锈，喷射除锈可选择人工操作或机械化自动喷射除锈；除尘，清除管道表面残余的灰尘。现场防腐层涂敷也分为预热和涂装两部分：预热，根据需要将经表面处理的补口部位加热至防腐层涂敷所需温度；涂装，采用人工施工或机械化施工方式将防腐层按要求涂敷在管道表面上，按各防腐层工艺评定确定的涂敷作业规程完成施工。防腐层检测包括下述几项或全部内容：外观检查、漏点检查、黏结力检查、厚度检查、硬度检查。

检漏补伤指管道防腐施工完毕后对防腐层漏点的检测及修补，分为埋地前检漏补伤和埋地后检漏补伤。埋地前检漏补伤指管道现场补口施工完毕后、埋地前对管道整体防腐层进行的漏点检测，一般采用电火花检漏方式进行整体漏点检测，发现漏点后按规范要求修补。埋地后检漏补伤指管道埋地后进行的防腐层漏点检测，可采用交流电位梯度法（ACVG）、直流电位梯度法（DCVG）、皮尔逊法、交流电流衰减法（ACAS）等方法进行地面检漏，发现漏点后应及时开挖并按规范要求修补。

管道穿越施工

管道穿越施工是指管道从河流、湖泊、沟渠等天然或人工障碍物下部通过的工程施工。具有施工工艺复杂、施工难度大、质量要求高的特点，通常将施工工期长、风险大的穿越工程划定为控制性工程，提前组织施工。

◆ 施工方法

管道穿越施工按施工工序分为穿越土建或结构施工与管道安装施工两部分。按穿越施工工艺分为开挖穿越施工、定向钻穿越施工、隧道穿越施工、直铺管法穿越施工等，其中隧道穿越施工又分为顶管隧道施工、盾构隧道施工、矿山法隧道施工、TBM 隧道施工（采用硬岩掘进机建造隧道）。通常将开挖穿越施工以外的穿越施工称为非开挖穿越施工。

开挖穿越施工是直接在地面或河床面开挖管沟敷设管道的穿越施工方式，是最古老的穿越技术，适用于各种地质条件。按施工过程是否排水分为带水开挖和不带水开挖。不带水开挖施工是通过围堰拦截河水，引至导流沟中，或者采用其他导水方式，使穿越处河床为无水状态，便于管沟开挖，有时需采用降排水措施降低管沟内水位。其施工工序包括测量放线、导流沟开挖、围堰施工、管沟开挖、管道就位、管道焊接检验、清管试压、管沟回填、线路连头、水工保护、地貌恢复。带水开挖施工是采用挖泥船、挖掘机等施工机械先在水下开挖管沟，再将组焊好的管道发送至管沟，就位后进行管沟回填，按管道发送方式分为浮拖法和底托法。浮拖法带水开挖施工主要施工工序为测量放线、管沟开挖、浮筒安装、管道发送、管道配重安装、浮筒拆除、管道下沉就位、管沟回填、清管试压、水工保护、地貌恢复。底拖法带水开挖施工工序与浮拖法带水开挖施工工序的区别是先进行管道配重安装，再进行浮筒安装和管道发送。

定向钻穿越施工是采用水平定向钻机按照设计轴线从障碍物下方进行导向孔钻进、采用扩孔器扩孔，形成比管道直径大的孔洞后，将穿越管段从洞内回拖穿越障碍物的穿越施工方法。其施工工序主要包括：测量放线、安装钻机、钻导向孔、扩孔、管道回拖、泥浆处理、地貌恢复。

顶管隧道穿越施工是指采用顶管机逐节顶进钢筋混凝土管节或钢管节，管节连接形成隧道，管道在隧道内安装通过障碍物的穿越施工方式。

顶管施工工序主要包括：始发／接收工作井（基坑）施工、顶管机安装、始发顶进、中继间安装、顶进出渣、测量纠偏、到达接收工作井、顶管机吊装出井、安装管道、恢复地貌。

盾构隧道穿越施工是指采用盾构机掘进，同步进行管片拼装建造隧道，管道在隧道中敷设通过障碍物的穿越施工方式。盾构施工具有机械化、自动化程度高，穿越能力强，地层适用性好等特点。施工工序主要包括：管片制作、测量放线、始发／接收工作井施工、盾构安装、始发掘进、管片拼装、出渣、测量纠偏、到达接收工作井、盾构机吊装出竖井、安装管道、恢复地貌。

矿山法隧道施工是指用爆破／非爆破方式开挖岩体修建隧道的施工方法。隧道断面形式一般采用直墙圆拱，衬砌根据围岩条件采用喷锚衬砌或复合式衬砌，根据围岩级别确定衬砌组合。爆破方式隧道施工工序主要包括：测量放线、打眼、装药、爆破、通风排烟、出渣排水、初喷、安装软式透水管、锚杆挂网、立拱架、复喷、超前导管、二次衬砌；非爆破施工主要是指采用扒渣机、旋臂机、水钻等机械开挖岩体的施工方式。

TBM 隧道穿越施工是指采用硬岩掘进机（TBM）破碎岩体开挖隧道断面，修建衬砌或拼装管片形成隧道，管道在隧道中敷设的穿越施工方式。TBM 施工具有机械化、自动化程度高及施工速度快的特点。施工工序主要包括：管片制作、测量放线、始发／接收洞室施工、TBM设备安装、始发掘进、管片拼装、出渣、测量纠偏、到达接收洞室、

TBM 设备拆除、安装管道、恢复地貌。

直接铺管法穿越施工是指采用直接铺管掘进机掘进，掘进机尾部与穿越管道相连，掘进同时采用推管机推动管道提供掘进动力，掘进与管道敷设同步进行的穿越障碍物的施工方法。施工工序主要包括：测量放线、修筑发送基坑、推管机安装、直接铺管机安装、管道组焊、检测补口、清管试压、连接管道、始发掘进、出渣、到达出土端、设拆除备、恢复地貌。

穿越管道安装施工工序包括管道运输、坡口加工、管道就位、管口组对及焊接、无损检测、防腐补口、补伤、清管与试压、管道干燥、管道连头。不同管道穿越方式，其施工方法和施工工序不尽相同。穿越段管道维抢修难度大、失效后果严重、影响大、重要性高，为保证管道安装质量，提高穿越段管道的可靠性，穿越段管道较一般线路段管道检测和试压标准均有提高，穿越段管道焊口均进行 100% 射线检测和 100% 超声检测，强度试验压力为设计压力 1.5 倍。

◆ **发展历史**

中国长输油气管道建设，通常认为始于 20 世纪 70 年代"八三"管道工程，当时，管道穿越河流均采用开挖穿越施工。在长输油气管道建设 50 年发展历程中，管道穿越技术取得长足进步，到 21 世纪 20 年代，管道穿越施工已拥有多种成熟的非开挖穿越施工技术，如定向钻、盾构、顶管、直接铺管等。

1986 年，中国引进第一台 RB5 定向钻机，在黄河穿越中首次采用此工艺进行管道穿越。经过 30 多年发展，定向钻已经成为管道非开挖穿越施工的主要方式，单次穿越距离已经突破 5000 米，各种复杂地层、200 兆帕以上硬岩、1422 毫米以上大管径等都已经有成功案例，钻机吨位也已经突破 1500 吨，陀螺仪精准控向、导向孔对接、不良地层处理、轻量化钻具、特种泥浆配置、正扩等配套技术也得到同步发展和提升。

盾构机发明于 1847 年。由于盾构法隧道具有安全性高、对周边影响小等优点，在市政、地铁等行业得到广泛应用。中国于第一个五年计划期间，率先在辽宁阜新煤矿用直径 2.6 米的手掘式盾构机开展疏水巷道施工。盾构隧道引入长输油气管道建设是在 21 世纪初期，忠武输气管道工程红花套长江穿越，采用 2.44 米内径盾构机穿越长江，是中国长输油气管道"第一盾"。从此之后，盾构法隧道穿越成为长距离复杂地质条件管道建设首选穿越工艺。

顶管法施工是继盾构施工之后发展起来的地下管道施工方法，最早应用于 1896 年美国北太平洋铁路铺设工程，20 世纪 60 年代在世界各国推广应用。20 世纪 50 年代，中国引入顶管技术，在北京开展第一例顶管施工，以人工手掘为主。1964 年前后，上海首次使用机械式顶管。顶管技术应用于长输油气管道是在 21 世纪初，西气东输一线郑州黄河穿越，采用 1800 毫米钢制管道作为顶管套管，布设一根 1016 毫米天然气管道。随后，顶管法施工在西气东输二线、中俄东线、浙江管网、西气东输三线等管道建设项目被广泛采用。

直接铺管法是德国海瑞克公司 2006 年开发的一种集顶管和定向钻

技术于一身的非开挖敷管方法。2007 年，随着国际首条直接铺管项目在德国沃尔姆斯市成功穿越莱茵河，标志大口径直接铺管法投入工业应用。2016 年直接铺管法及设备引入中国，已成功应用于西气东输镇江改线工程（管径 1016 毫米、长度 280 米）、陕京四线输气管道工程（管径 1219 毫米、长度 464.1 米）及京石邯拒马河穿越施工。

硬岩掘进机（TBM）建造隧道法由意大利人 H.-J. 莫斯（Henri-Joseph Maus，1808 ～ 1893）于 1846 年发明，美国罗宾斯（Robbins）公司继 1952 年开发制造出现代意义上第 1 台软岩 TBM 后，1956 年又研制成功中硬岩 TBM。从此，TBM 进入快速发展期。硬岩掘进施工技术始于 1881 年，压缩空气式 TBM 被成功用于英吉利海峡隧道直径 2.1 米的勘探导坑。中国从 21 世纪 60 年代中期开始研制 TBM，在 21 世纪 80 年代中期，硬岩 TBM 施工技术取得很大发展，开敞式硬岩 TBM 完成约 796 千米隧洞掘进，护盾硬岩 TBM 完成约 1066 千米隧洞掘进。吉林中部城市引松供水工程日进尺最高纪录 113 米，引黄入晋隧洞工程月进尺最高纪录 1821 米。TBM 掘进施工具有高效、安全、环保及机械化、信息化程度高的特点，在山体隧道应用越来越广泛。截至 2022 年 2 月，中国油气长输管道项目尚无 TBM 隧道实施案例，但果子沟战略备用通道工程和西气东输三线管道工程计划实施 5 处 TBM 隧道穿越。

随着管道工程建设水平的提高，管道穿越施工技术也在不断发展，穿越施工能力越来越强，穿越施工技术向更高效、更安全、更环保方向发展，施工设备和工艺也将不断更新。

管道跨越施工

管道跨越施工是指管道从河流、沟渠、山谷等天然或人工障碍物上部通过的建设工程施工，主要用于管道通过山区深陡沟谷、地质复杂的河流沟渠。

◆ 类型

管道跨越施工按专业分为跨越结构施工和管道安装施工两部分。

跨越结构施工

跨越结构施工按跨越主体结构形式分为管道梁式跨越施工、管道轻型托架跨越施工、桁架跨越施工、斜拉索跨越施工、悬索跨越施工。

管道梁式跨越施工是指采用输送管道或外加套管（复壁管）作为受力梁的跨越工程施工，适用于中、小型跨越。输送管道梁式跨越将管道作为受力梁，既承受输送介质的内压作用，又承受跨越主梁的荷载，受力大且复杂，因而该方法已被淘汰。复壁管梁式跨越，跨越受力梁为复壁管，管道不作为跨越结构梁，仍有应用。施工工序主要包括：测量放线、施工场地修整、桥墩施工、复壁管预制、复壁管吊装就位、管道发送就位、端头封堵、安全防护设施施工、地貌恢复。

管道轻型托架跨越施工是指将管道作为上弦杆，与钢索或型钢构成下撑式组合梁跨越的工程施工，适用于不通航的中、小型跨越。由于将管道作为结构受力构件，因此该方法已被淘汰。

桁架跨越施工是指采用桁架作为承重结构的跨越工程施工，适用于跨度较大、河床较浅河流的中、小型跨越或山谷跨越施工。管道敷设在桁架上弦或下弦平面的桥面上。施工工序主要包括：测量放线、施工场地修整、桥墩施工、桁架预制、桁架整体吊装就位、桁架水平转体吊装就位、桁架整体发送就位、桁架悬拼安装就位、桥面安装、管道安装、安全防护设施施工、地貌恢复。

斜拉索跨越施工是指将输送管道桥面结构用多根斜向钢索连接于塔架的跨越工程施工，适合于大、中型跨越施工。施工工序主要包括：测量放线、施工场地修整、桥墩施工、锚固墩施工、钢梁预制、边跨梁安装、桥塔施工、钢梁架设及斜拉索安装、钢梁合拢、桥面安装、管道安装、安全防护设施施工、地貌恢复。

悬索跨越施工是指将输送管道桥面结构用吊索吊挂在承重主索上，主索与桥塔、锚固墩连接的跨越工程施工。悬索跨越是跨度能力最强的跨越方式，其受力合理、抗震性能好、设计施工技术成熟，是大跨度管道跨越的首选方式。施工工序主要包括：测量放线，施工场地修整，桥墩施工，锚固墩和塔架施工，主索安装（先导索渡河、牵引系统和猫道架设、抗风缆架设、主索架设），吊索及桥面安装，风索及共轭索安装，管道安装，安全防护设施施工，地貌恢复。

安装施工

管道安装施工分为两种方式。

第一种方式是在管桥一端架设工作平台，管道在平台上完成组装焊接、防腐补口、无损检测后，通过滚动支座发送至桥面上，就位后采用管道支座固定和限位。这种方式适用于大管径管道、桥面空间不能满足管道安装需求的情况，是管桥跨越施工中安装管道的主要方式。施工工序主要有：管道运输、坡口加工、管道组对及焊接、无损检测、防腐补口、管道整体发送、管道支座安装、管道补伤、清管与试压、管道干燥、固定墩制作、管道连头。

第二种方式是将单根管道运送至桥面上组装焊接和防腐补口，再固定到管道支座上。这种方式适用于小管径管道和桥面空间能满足管道安装的情况。施工工序主要有：管道运输、坡口加工、单根管道发送至桥面、管道组对及焊接、无损检测、防腐补口、管道支座安装、管道补伤、清管与试压、管道干燥、固定墩制作、管道连头。

由于跨越段管道露天敷设，一旦失效对周围环境影响较大，因此对管道安装质量要求较高。为了保证管道焊口质量，跨越段管道焊口均进行 100% 射线检测和 100% 超声检测，且强度试验压力为设计压力的 1.5 倍。

◆ **发展简史**

20 世纪 70 年代起，中国开始建设长输管道，管道跨越工程陆续实施，小跨度的管道跨越施工方式主要为轻型托架跨越、梁式直跨，大跨度的跨越施工方式是悬索跨越。1979 年，马惠宁输油管道工程建设了 4 座悬索跨越（最大主跨 280 米），后陆续建设了中沧线大浪淀斜拉索跨越、天津子牙河悬索跨越、东营临邑输油管道徒骇河跨越、陕京一线黄河跨越（主跨 270 米）等跨越工程。

20 世纪 90 年代，随着长输管道建设高潮的到来，管道跨越设计和施工显著进步，跨越形式也逐渐多样化，建设了一批大型跨越工程，如西气东输中卫黄河桁架跨越（跨度 255 米）、涩宁兰黄河悬索跨越（跨度 240 米）、兰成渝白龙江悬索跨越（跨度 270 米）。

21 世纪 10 年代，伴随中缅油气管道和中贵联络线管道建设，长输管道大跨度悬索、斜拉索跨越技术迎来新的发展，建设了一批大型悬索、斜拉索跨越工程。其中代表性工程有：中贵管道工程乌江悬索跨越（跨度 310 米），中缅管道工程勐岗河悬索跨越（跨度 340 米）、澜沧江悬索跨越（跨度 300 米）、北盘江斜拉索跨越（跨度 130 米）。

随着管道工程建设水平的提高，管道跨越施工技术也不断进步和发展，管道跨越施工能力越来越强，新的施工设备和施工技术不断出现，跨越施工技术向更大跨度、更安全、更环保、机械化和自动化程度更高的方向发展。

管道运输组织与管理

管道运输组织与管理是管道运输企业为完成油气输送任务而开展的一系列活动的统称。

管道运输组织与管理主要包括通过贸易和计量接收从上游油气田或炼化厂获取满足管道输送条件的油气资源，然后使用管道和合适的输送工艺，将油气资源输送到指定地点后再次通过贸易和计量交付给

**青岛港董家口港区调度控制中心工作人员实时
监控管道系统**

下游用户。为保证上述过程安全和经济，管道企业需要配备能够调度
管道全线运行的调度指挥中心，并根据上下游需求制定合理、高效和
经济的输送方案，该方案通过调度指挥中心和管道沿线各输油气站场
协同配合完成。为防止油气输送过程中存在的来自管道自身的故障、
事故或第三方的破坏，管道企业还要配备强有力的维抢修力量，以保
证故障、事故或破坏发生后能够尽快恢复管道输送，并将对环境伤害
或破坏的程度降低到最小。

长输管道

长输管道是相距较远的产地、储库、使用地之间用于输送商品介质
的埋地压力管道。输送介质以原油、成品油、天然气为主，并依此区分
为原油管道、成品油管道、天然气管道。

石油和天然气运输与国民经济和人民生活息息相关，管道输送相比

道路运输具有安全、便捷、经济的特点，因而成为石油和天然气长距离运输的主要载体，全球陆上 70% 石油和 99% 天然气依靠管道输送。长输管道由管道线路和输油气站场构成，拥有自控、储存、电力、通信等附属设施，具有距离长、压力高、口径大、管输介质易燃易爆等特点，属于特种设备范畴。

2019 年 12 月 9 日，作为国家深化油气行业改革、保障能源供应安全重大举措，中国成立国家石油天然气管网集团有限公司，以期通过放开两端推动形成公平竞争的上游资源供应和下游销售市场，提高油气资源配置效率，更好服务国家战略、服务人民需要。由此，拉开了构建"全国一张网"的序幕，促进实现全国油气管道互联互通。

中国油气管道建设蓬勃发展。截至 2020 年底，中国陆上油气管道总里程约 17.5 万千米，其中原油管道 3.2 万千米、成品油管道 3.3 万千米、天然气管道 11 万千米，覆盖全国 32 个省区市，初步形成横贯东西、纵贯南北、覆盖全国、连通海外的大型油气管网。

原油管道

原油管道是长距离输送原油的埋地管道。

原油管道起点多是油田或接收海运来油的港口，终点则是炼油厂或转海运的转运油库。

原油系石油中的液相部分，其脱除伴生的天然气和地层水达到产品销售标准后称为商品原油。商品原油按含硫量分为超低硫原油、低硫原油、含硫原油、高硫原油；按密度分为轻质原油、中质原油、重质原油、特稠原油；按含蜡量分为低蜡原油、含蜡原油、高蜡原油、特高蜡原油。不同原油需要采用不同的管道输送技术。

含硫高的原油腐蚀性强，输送管道需要采取必要的防腐措施，如在管道内壁喷涂防腐涂层，或在管输原油中添加缓蚀剂。对于含硫量较低的原油，通常按输送难易分为轻质低黏和易凝高黏两大类。长距离输送这两类原油，都需要在管道沿线设置加压用的中间泵站，输送易凝高黏原油的管道需要在泵站设置原油加热装置，有时还要在管道沿线单独设置中间加热站，在管道起点设置稀释油或降凝剂等注入装置。

易凝高黏原油常温流动性较差，可以采用热处理、加剂综合热处理、掺混稀油、乳化降黏等工艺实现管道输送。加剂综合热处理工艺是中国人的创举，通过匹配降凝剂及加热处理温度成功解决了中国各大油田易凝高黏原油的管道输送问题，技术水平处于国际领先地位。当管道面临降低运行压力或增加输量需求时，可以采用添加减阻剂输送技术，其通过降低原油在管道中的流动阻力降低管道运行压力及增加管道输量。

中国大陆第一条自主设计建造的原油管道是玉门油矿从八井区输油总站到四台炼厂的输油管道，由 翁心源主持设计并实施，1945 年建成投用；中华人民共和国第一条陆上原油管道是新疆克拉玛依油田至独山子炼油厂的输油管道，1958 年建成投用。中国的原油输送管道基本实现西北与西南相连，东北与华北相连，以及海油登陆后从沿海地区向内地供应，在中国东北、西北、华北、华东、中部、西南地区及东部沿海形成区域性原油输送管网，促进了构建以长江三角洲、珠江三角洲、环渤海以及东北、西北、西南地区为主的石油加工基地战略布局。

成品油管道

成品油管道是长距离输送成品油的压力管道。按使用性质分军用管道和民用管道，按输油种类分轻油管道和重油管道。成品油管道大多由炼油厂或转运油库向各地区分配油库供油，在管道沿线和终点向各交油点或分支线输油，也可沿途接入进油支线，构成地区性产运销管网系统。

成品油泛指从原油中得到的液态产品，按用途可分为四类：燃料油、润滑油和润滑脂、蜡及沥青和石油焦，以及作为有机合成原料的产品如石脑油等。成品油输送管道的运输介质通常指其中的燃料汽油、煤油、柴油、喷气燃料及船用重油等。

成品油管道大多采用顺序输送方法，在同一管道内分批连续输送多种油品。重油管道通常需要采用保温管道加热输送的方法。与普通埋地输油管道不同，军用野战管道为便于快速装拆，大多敷设于地面，用特殊的快装接头连接管子，配以装在汽车上的机动油泵作输油动力。

美国科洛尼尔成品油管道是世界里程最长、管径最大、输送量最多、输送油品种类最复杂的成品油管道系统。中国第一条成品油管道是诞生于抗日战争末期的中印管道，因战争而生，亦因战争而亡。中华人民共和国第一条成品油管道是克拉玛依至独山子成品油管道。中国已基本形成"西北—西南、西北—华中、东北—华北—华中"的成品油干线骨架，并以中缅原油管道为依托，形成云南、广西两大成品油管道网络及沿海地区成品油内送通道。主要成品油管道有：西部成品油管道（乌鲁木齐—兰州）、兰州—成都—重庆成品油管道、兰州—郑州—长沙成品油管道、呼和浩特—包头—鄂尔多斯成品油管道、抚顺—锦州—郑州成品油管道、石家庄—太原成品油管道、洛阳—郑州—驻马店成品油管道、大港—枣庄成品油管道、淄博—徐州—宿州成品油管道、茂名—昆明成品油管道（包括南宁支线）、湛江—深圳成品油管道、南京—徐州成品油管道、南京—苏州成品油管道，以及由甬台温线、甬绍金衢线、镇萧杭线、金嘉湖线组成的浙江成品油管道网络。

天然气管道

天然气管道是将天然气（包括油田生产的伴生气）从开采地或处理厂输送到城市配气中心或工业企业用户的管道。又称输气管道。

利用天然气管道输送天然气，是陆地上大量输送天然气的唯一方式。

天然气管道输送系统由线路系统和管道输气站两部分组成。线路系统包括输气管道、沿线阀室、穿跨越构筑物、阴极保护站、管道通信系统、调度和自动监控系统等。输气管道可按其用途分为集气管道、干线输气管道、配气管道三种。集气管道是从气田井口装置经集气站到气体处理厂或起点压气站的管道，主要用于收集从地层中开采出来未经处理的天然气。干线输气管道是从气源的气体处理厂或起点压气站到各大城

陕西榆林中国石化大牛地气田天然气管道

市的配气中心、大型用户或储气库的管道，以及气源之间相互连通的管道，是整个输气系统的主体部分。配气管道是从城市调压计量站到用户支线的管道，其压力低、分支多，管网稠密，管径小，除大量使用钢管外，低压配气管道也可用塑料管或其他材质的管道。

输气管道系统的特点包括：①输气管道系统是个连续密闭的输送系统。②从输送、储存到用户使用，天然气均处于带压状态。③由于输送的天然气比重小，静压头影响远小于液体，设计时高差小于 200 米时，静压头可忽略不计，线路几乎不受纵向地形限制。④不存在液体管道水击危害。⑤发生事故时危害性大，波及范围广。管道一旦破裂，释放能量大，撕裂长度较长，排出的天然气遇有明火，还易酿成火灾。

固体浆料管道

固体浆料管道是长距离输送浆液的管道。

浆液是由固体破碎成粉粒状后与适量液体配制而成。现代管道运输中输送的固体主要是煤，此外还有铁、磷、铜、铝矾土和石灰石等矿物，所用液体一般为水。在固体料浆管道中流动的浆液是固液二相的混合物，其流态多变，属固液多相流，必须在一定的流速下浆液才能稳定流动。在管道输量降低、流速减缓的情况下，会出现多种不均质流态，甚至会产生固体沉积现象。为了保持浆液稳定流动，须确定合理的输送工艺，如筛选均质固体、确定合理破碎筛分、确定颗粒级配和配制适合浓度的浆液等，还要根据输送量选择适宜的管径和确定临界流速等。此外，在确定固体粒径和级配时，要考虑便于固液分离。因此，确定固体浆液管道的输送工艺是十分复杂的技术问题。

氢能管道输送

氢能管道输送是以管道为载体大规模运输氢能的技术。

适用于大规模氢能运输的成熟技术方案主要有集装管束运输、管道运输、液氢槽车运输。综合比较三种运输方式，管道运输技术要求在中等范围，技术成熟度相对高，对于市场价格敏感性相对低。2022年，中华人民共和国国家发展和改革委员会、国家能源局颁布《关于完善能源绿色低碳转型体制机制和政策措施的意见》，提出：在满足安全和质量标准等前提下，探索输气管道掺氢输送、纯氢管道输送、液氢运输等高效输氢方式。

从输送介质相态分类，氢能管道输送分为气氢输送和液氢输送。气氢输送有两种工艺流程：一种是纯氢管道输送流程，另一种是纯氢与天然气掺混后通过已建天然气管道输送。液氢输送也有两种工艺流程：一种是氢气经化学反应加入有机液体中形成"氢油"输送，另一种是氢气液化后通过管道输送。

◆ **气氢管道输送**

国际气氢管道项目有：美国墨西哥湾全球最大纯氢供应管网、欧洲"NaturalHy"掺氢天然气管道、英国"HyDeploy"掺氢天然气管道等。中国气氢管道项目有：巴陵至长岭纯氢管道、新粤浙掺氢管道等。

对于气氢管道，管材评价是基础，安全保障是核心，工艺运行是目标。氢气分子量小、渗透及扩散性强、易燃易爆，使管材相容性差、安全完整性管理复杂。因此，管输系统渗氢扩散与氢促失效机理、事故特征与演化规律、管道掺混与分层传质规律等是需要集中研究解决的科学问题。

◆ **液氢管道输送**

在航天领域，中国针对液氢管道输送开展了大量研究，主要通过低温管道将其输送到火箭加注设备中。因温度、压力、流量控制问题，输送成本较高，仅适合具有足够冷量的短距离输送。国际上液氢管道项目有日本 WE-NET 项目、欧洲 IDEALHY 项目等，中国航天科技集团六院 101 所开展了大型国产氢气液化系统关键技术和装备研究。

氢气液化是高能耗、低效率过程，提高液化效率、降低单位能耗、减少㶲损失、优化氢液化流程是研究重点；氢气在超低温区液化，但针对超低温环境下流体在换热器和膨胀机等关键设备中的流动特性不明确，同时正仲氢催化转化效率提高也是氢液化流程中的一大挑战。因此，高效正仲氢转化器、主低温换热器、低温膨胀机设计优化方法对推进氢气液化装置国产化进程具有重要意义。研究重点主要集中在氢气液化流程数字孪生与集成优化方法、氢气液化流程中超低温流体换热与膨胀特性、氢气降温换热与正仲氢转换耦合机制等关键科学问题。

以有机液体为载体的液体输氢方式（即"氢油"输送）正在兴起，"氢油"能够充分利用已建成品油管道与供销体系，大幅降低氢能运输成本，拓展了氢利用的内涵与市场。"氢油"管道输送技术涉及3个环节：①通过有机液体与氢气加成反应实现氢能常温常压液态储存。②储氢有机液体的管道输送。③储氢有机液体到达用户终端后借助催化剂实现氢能释放和利用。有机液体储氢及其管道运输是可再生能源制氢与大型发电厂、氢联合站、电网、氢能市场以及氢加注站等终端用户的纽带。在管道运输方面，从物性参数和成本两方面考虑，"氢油"管道运输可行性最大，根据现有成品油管道输送发展历程，可以对"氢油"物性参数进行初步设计，只是尚无在役"氢油"输送管道。因此，未来设计"氢油"管道需要采用模拟与实验相结合的方法，根据已有成品油管道输送工艺对"氢油"输送进行模拟验证，评估有机液态输氢的安全性、经济性及对环境的影响，充分利用现有成品油能源供给基础设施架构，制定可规模化实施的氢储运技术路线。

综上，氢能源大规模利用有效途径是利用管道输送实现长距离跨地区氢能源运输，无论是气氢管道输送还是液氢管道输送，在管材评价、安全运行、工艺方案、标准体系等方面均存在诸多关键难题亟待解决，需突破氢能管道安全高效稳定输送的理论与技术瓶颈，形成以关键设备和工艺软件为核心的技术体系和标准体系，建设以氢能管道为纽带的产业体系。

二氧化碳管道输送

二氧化碳管道输送是以超临界态实施管道输送二氧化碳（CO_2）的方式。

以 CO_2 为主的温室气体排放致使全球气候变暖问题日益成为世界关注的热点。2016 年 11 月，《巴黎气候协定》正式实施，世界各国在实现 21 世纪末全球气温比工业化前上升不超过 2℃的碳减排要求方面达成普遍共识。在众多碳减排技术中，碳捕集、封存与利用（CCUS）是唯一能够大幅减少电力与工业 CO_2 排放的技术，是未来最有潜力、最有效的解决温室效应的方法之一。CO_2 管道是 CCUS 技术中连接碳源和碳汇关键环节，超临界态 CO_2 具有黏度低、密度大的特点，以超临界态实施管道输送 CO_2 是国际上进行长距离、大规模碳运输最安全、经济的方式。世界上约有 10000 千米 CO_2 管道，长距离、大规模 CO_2 管道运输已经在国际获得工业化应用。

中国的高压、长距离、大规模超临界 CO_2 管道输送工艺技术面临诸多关键瓶颈问题亟待攻关，包括含杂质 CO_2 多元体系物性与相特性计算、管输工艺技术、CO_2 多相节流相变、CO_2 泄放减压波传递及预测模型、裂纹扩展及止裂、高压 CO_2 泄漏扩散及风险评价等。与此同时，应研究开发 CO_2 管道输送技术工艺软件，在材料选择、设计理论、输送工艺、安全保障、风险评价等方面集成建立适于中国国情的 CO_2 管道输送技术标准体系。

海底管道

海底管道是在海底连续输送大量油气的密闭管道，是最快捷、最安全且经济可靠的海洋油气运输方式。

海底管道系统包括集输管道、干线管道、附属增压平台以及管道与平台连接主管等，其油气输送工艺与陆上管道相同，但因海底管道建设在海域中进行，故与陆上管道施工方法不同。海底管道铺管作业主要有3种方法：铺管船法、牵引法和卷筒船法，其中铺管船法是最常用的方法。在工程实践中，具体选用哪种作业方法，需要根据管径大小、海水深浅、海况及距岸远近等条件来确定。

海底管道是海洋油气田开发生产系统的主要组成部分。海洋天然气必须依靠海底管道外输，但海洋中采出的原油则有两种运输方式：一是依靠油船外运；二是依靠海底管道外输。对于油船外运，浅海中采出的原油可由生产平台直接装入油船，但深海中采出的原油，大型油船停靠生产平台会威胁平台安全，需要在海中设置专门用于停靠大型油船的单点系泊，同时敷设连接各生产平台与单点系泊的输油管道，即集输管道。

对于管道外输，首先是各生产平台采出油气通过集输管道汇集到附属增压平台，然后通过干线管道外输。

海底管道还是连接海洋两岸油气生产地与油气消费地的能源运输通道，这种情况以天然气管道居多。天然气有两种长途运输方式：一是压缩冷却为液化天然气（LNG），以液体状态通过 LNG 船运输；二是维持气体状态通过海底管道运输，北溪海底管道和北溪 -2 海底管道，就是俄罗斯经波罗的海直接向德国供应天然气的能源通道。

管道运行管理

管道运行管理是指管道运行过程中利用技术手段对管道运输实行统一的指挥和调度，以保证管道在最优化状态下长期安全而平稳地运行，从而获得最佳的经济效益。管道运行管理包括管道生产管理及相应的技术手段应用。

◆ **管道生产管理**

管道生产管理包括管道输送计划管理、管道输送技术管理、管道输送设备管理和管道线路管理，通过管道的日常调度工作来实现管理。

◆ **管道输送计划管理**

管道输送计划管理是根据管道所承担的运输任务和管道设备状况编制合理的运行计划，以便有计划地进行生产。首先是编制管道输送的年度计划，根据年度计划安排管道输送的月计划、批次计划、周期计划等。一方面根据这些计划安排管道全线的运行计划，编制管道站、库的输入和输出计划，以及分输或配气计划；另一方面，根据输送任务和管道设备状况，编制设备维护检修计划和辅助系统作业计划。

管道输送技术管理

管道输送技术管理是根据管道输送的货物特性，确定输送方式、工艺流程和管道运行的基本参数等，以实现管道生产最优化。管理的内容包括随时检测管道运行状况参数，分析输送条件的变化，采取各种适当的控制和调节措施调整运行参数，以充分发挥输送设备的效能，尽可能地减少能耗。对输送过程中出现的技术问题，要随时予以解决或提出来研究。

管道输送设备管理

管道输送设备管理是对管道站、库的设备进行维护和修理，以保证管道的正常运行。管理的内容主要包括：①根据设备状况进行分级，并进行登记。②记录各种设备的运行状况。③制订设备日常维修和大修计划。④改造和更新陈旧、低效能的设备。⑤保养在线设备。

管道线路管理

管道线路管理是对管道面临的风险因素不断地进行识别和评价，持续消除识别到的不利影响因素，采取各种风险消减措施，将风险控制在合理、可接受的范围内，最终实现安全、可靠、经济地运行管道的目的。

◆ 技术手段

管道运输线路长，站、库多；输送的货物易燃、易爆、易凝或易沉淀，且在较高的输送压力下连续运行。这些情况要求管道生产管理具有各种可行的技术手段，主要有管道监控、管道流体计量、管道通信。管道监控是利用仪表和信息传输技术测试全线各站、库和线路上各测点的运行工况参数，作为就地控制的依据，或输给控制室作为对全线运行工况进行监视和管理的依据。对收集到的运行工况参数分析、判断后，下达调度指令，调节或改变运行工艺。管道流体计量是为管道管理提供输量和油、气质量的基本参数，是履行油品交接、转运和气体调配所必需的工艺。管道通信是管道全系统利用通信系统交流情况，传递各种参数信息，下达调度指令，实现监控。通信系统对管道管理水平的提高起着重要的保障作用。通信线路有明线载波、微波、甚高频和特高频等，作为电话、电传打字及监控信号等的常用信道。为确保通信的可靠性，常用一种以上信道，有的管道用微波或同轴电缆作主要通信手段，而以甚高频、特高频作辅助通信手段；有的管道还用通信卫星作备用手段。海洋管道多用电离层散射等进行站间或管道全系统通信。

管道投产试运

管道投产试运是指在管道建成后、正式运营之前，需要投产试运的阶段。将石油或天然气充满管道并升压至所需压力，经 72 小时以上稳压保持后，运行平稳、检测合格，即标志管道建设成功，管道便可正式运营了。

管道自身条件及输送介质不同，投产方式也不尽相同，应采取优化的投产流程，保证既省时、省力，又高效、平稳。

输油管道有油顶水和空管投油两种投产方式。油顶水投产是将新建成管道充满水，通过投油前的水联运，进行各种运行工况的模拟和水力分析，并对管道、配套工艺设备、保护系统及自控系统等装置进行检测，以期在正式投油前暴露出各种问题并得到彻底解决。通过水联运确定管道及附属设施均可达到正常使用要求后，使用原油或成品油将管道中的水顶出，完成投产试运，开始正式生产运行。空管投油主要用于水资源短缺地区的管道投产，通常是在油头前注入一定量氮气，形成氮气段，氮气段与油头之间加清管器隔离，待油头行进一段距离、油品充满整个管段之后，发射一个清管器用以保护之前管道中的油品，同时便于投产管道沿线站场清管器收、发作业。成品油管道大多采用空管投油方式，通常选择单一油品进行投产，可以避免产生过多混油，而柴油因凝点低、饱和蒸气压低、便于随时停输处理，常被选作投产用油。

输气管道投产试运包括三个环节：空管除水、空管除杂质、空管注氮气。因天然气怕水，若天然气中水（汽）含量超标，加之高压、低温条件，则易发生冰堵或形成水合物堵塞管道及附属设备，故在投产试运过程中，通过采取注醇、调压阀节流降压等方式实现空管除水。虽然管道投产前已经清管试压，但管道中仍然会存有微量固体、液体杂质。如果投产流程不正确，这些杂质就会对站场、阀门、设备、仪表等产生损害，严重影响管道长期安全运行。因此，需要采取吹扫、干燥等方式实现空管除杂质。空管注氮气是先用氮气置换管道中的空气，再用天然气置换氮气投产，以避免因天然气与空气直接接触而产生燃烧或爆炸。

管道集中调控

管道集中调控是指根据管道业务大规模发展需要，运用管道远程控制技术和应用实践发展成果，突破地域、区域、现场所属单位等管理限制因素，将分散单独调度控制的长输油气管道，实施统一集中调度指挥、远程监控操作、维检修作业协调及管网优化运行，实现长输油气管道集中调控和集约化管理。

基于历史因素、管道控制水平及理念不一等原因，存在部分管道未纳入集中调控的情况。因此，将纳入集中调控的油气管道称为一级管道，未纳入集中调控的油气管道称为二级管道，并按照"集中调控主导，区域按需监视；统一协调指挥，分级管控负责"的调控模式，实行一级、二级分级调控。

◆ 历史背景及发展脉络

为优化管道运营管理体制、适应管道业务快速发展，中国石油天然气集团有限公司于 2006 年 5 月 8 日正式成立北京油气调控中心，相关背景及发展脉络如下。

分散调度阶段

2006 年 5 月 8 日以前，油气长输管道处于分散调度阶段，调控模式是各地区管道公司对所辖管道在现场实施运行调度指挥。总体表现为管道控制功能水平较低，基本以现场手动操作为主，输油工艺以开式流程为主；管道运行模式以每站现场控制为主，个别管道在首站进行中心控制；调控技术以现场、就地、手动为主要操作特征。20 世纪末，逐步建成以库鄯线、兰成渝、陕京一线等为代表具备对全线进行中心远程控制功能的管道。这一阶段,对单条管道来讲,是实施调度指挥、现场操作的模式;各条油气管道,是分散于所属输油气公司进行调度运行与管理。

集中调控阶段

2006 年 5 月至 2013 年底,长输油气管网全部由北京油气调控中心集中调控,借助通信手段和数据采集与监控(SCADA)系统软件,实现对上位机系统、下位机系统、现场自动化仪表和执行机构等 SCADA 硬件实施中心数据管理、显示、监控。主要特点是:原油、成品油管道实现中心远程操作控制,天然气管道实施集中监视和调度指挥,总体特征是"统一指挥、集中调控"。在集中调控初期,对分散在各管道公司且具备远程操作功能的 29 条管道进行 SCADA 系统集中调控整合,新建管道全部同步纳入集中调控。其间,制订了 SCADA 系统监控与数据采集标准、管道控制功能划分规范、管道运行与控制原则、管道通信系统技术规范、SCADA 系统网络技术要求、工艺运行规程等系列标准 150 余项;开展国际对标,形成系列调控建设相关"模块化、标准化、信息化"文件 20 余项;开展油气管道离线仿真和在线仿真建设,指导运行方案编制和管道系统工艺和能耗分析;通过 PPS 系统进行生产数据采集与统计分析,指导生产组织管理。

全面远控阶段

2014 年至 2020 年底,天然气、原油、成品油管道全面实现中心远程操作控制，调控中心以压缩机和用户分输远程控制为切入点，天然气站场远控从零起步，到 2020 年底站场远控率达到 90% 以上，远程控制操作以单体设备、分项操作、联锁控制及程序安全保护为主，数字化、自动化、信息化、集成化、国产化等技术特征更加凸显。其间，通过实施压缩机与用户分输改造，全面远控天然气管道；同步开展油气管道全面控制逻辑体系研究，形成管道操作原理、管道站场控制逻辑导则、控制逻辑图集等系列标准，编制形成《油气管道远程监控及调度管理手册》。2017 年，国产 SCADA 系统软件 PCS1.0 完成现场工业试验，2019 年，成功应用于中俄东线天然气管道投产，PCS 国产 SCADA 软件全面应用。

智能调控阶段

2021 年开始，对油气管道和站场操作控制对象逐步以管道全线、全站、站区域、站全部运行机组、用户分输量等为目标进行远程操作，实现"目标智能控制"，即一键设定目标值，控制逻辑自动实现。其间，主要实施了压气站全机组一键启停项目及全面推广应用；对天然气用户实施日指定目标一键分输；实现压缩机一键设定目标值、参数自动调整；在西部成品油管道实施一键启停输应用工程；搭建 SCADA 系统集中智能运维监控管理平台。

◆ **里程碑式事件或成果**

2007 年 3 月 18 日，北京油气调控中心正式揭牌运营，陕京一线、陕京二线、西气东输一线等长输管道首批次实现集中调控，西部原油管道、港枣成品油管道等新建管道工程先后在调控中心实施投产。2007

年12月20日，中国石油所属29条总长2万千米在役长输油气管道全部纳入集中调控，至此，北京油气调控中心成为中国最大规模长输油气管道调度控制中心。

至2013年底，兰郑长、永唐秦、涩宁兰复线、漠大线、石兰线、惠银线、陕京三线、西气东输二线，西气东输三线、中贵线、中缅线，日东和兰成原油管道等先后在北京油气调控中心投产运行，集中调控运行管道里程达4.2万千米。

至2019年底，随着中俄东线大型管道相继投产，北京油气调控中心集中调控管道里程达6.1万千米，其中天然气管道3.84万千米，原油管道1.14万千米，成品油管道1.12万千米；一级管道长度比例89%。

2020年10月1日，中国石油北京油气调控中心、中国石化集团公司和中国海洋石油集团公司所属长输油气管道划入国家石油天然气管网集团有限公司，成立国家管网集团油气调控中心并开始运营管理全国骨干油气管网，在推动形成上游油气资源多主体多渠道供应、中间统一管网高效集输、下游销售市场充分竞争的油气市场体系中，重要性愈发凸显。至2020年底，国家管网集团油气管网长度达到9.35万千米，其中天然气管网长度达4.92万千米，一次管输能力2600亿立方米；原油管网运营里程约1.73万千米，一次管输能力5.9亿吨；成品油管网运营里程2.7万千米，一次管输能力2亿吨。

至2021年底，国家管网集团油气调控中心集中调控油气管道143条（含一条二级管道），共9.39万千米。其中天然气管道53条，总里程约 4.99 万千米，一次管输能力 2680 亿米^3/ 年；原油管道 55 条，总里程 1.73 万千米，一次管输能力 3.18 亿吨；成品油管道 35 条，总里程 2.67 万千米，一次管输能力 1.52 亿吨。储气库 8 座，采气初期每天最大外输能力 1.48 亿立方米，储气库权益有效工作气量 97 亿立方米。在役 LNG 接收站 7 座，接入管网的外输能力每天合计 1.26 亿立方米，总加工能力 2980 万吨（430 亿方），全国一张网运行初具规模。

◆ **发展成就**

实现天然气管道用户自动分输精准控制。2015 年开始，根据天然气不同用户用气规律，分别选用不均匀系数法、到量停输法、恒压控制法、剩余平均法 4 种不同的自动分输方法，对天然气管道分输站场进行改造，实现天然气管道用户自动分输精准控制，2021 年自动分输比例达到 78.4%。

油气管道 SCADA 系统国产化软件研发成功。2017 年 7 月，正式发布油气管道 SCADA 系统国产化软件 PCS1.0，2017 年 12 月完成最终验收。2018 年在盖州、醴陵压气站等完成工程应用，并在中俄东线等新建管道全面推广应用。

压气站一键启停技术持续深化应用。中心调度仅下达一次指令，就可以完成站内流程自动导通、压缩机组及其辅助系统自检及启机、增减机组及并网负荷分配的全过程自动化控制。至 2021 年底，已完成盖州等 10 座站场推广应用。

天然气管道贸易交接能量计量初步建成。为贯彻《油气管网设施公平开放监管办法》中建立能量计价体系要求，明确了实现能量计量的最终目标，即在天然气计量交接凭证单上同时提供体积量、能量交接数据。能量计量用于热值交接结算需要，而体积计量仍然用于天然气管道运行管理、用户日指定、管存量计算、管网输损考核等，体积计量和能量计量两套体系、两种使用场景并存。至 2021 年底，天然气管网基本具备现场能量计量交接条件。

国家管网集团油气管道控制中心建设规模持续增长。油气调控中心设置有主控制中心和备用控制中心，并在主、备控制中心各建立多套 SCADA 控制系统，分别用于原油、成品油、天然气管道的监控管理。通过采用主备控制中心模式，实施调度控制中心、站场及就地三级控制方式，实现对所辖管道站场和阀室统一集中监控、调度、管理。至 2021 年底，集中调控（一级管道）的 SCADA 系统站场数量 908 座，阀室数量 1967 座，数据量 118.2 万点，管道光缆长度 7.72 万千米，光通信网元数量 1951 个，卫星端站 641 座，公网电路 265 条，中间数据库平台采集数据规模 29 万点，初步构成通信全国一张网。

◆ **发展趋势**

开展大型天然气管网在线仿真系统软件国产化研发及应用。通过建立大型天然气管网稳态、瞬态及在线仿真数学模型，形成一套大型管网稳态、瞬态及在线仿真数学模型快速有效求解方法及一系列基于先进计算技术的仿真软件技术标准，研发一套计算速度快、适应大规模复杂天然气管网的在线仿真系统软件产品，具有实时仿真、趋势预测、气源追踪等功能。

建立"全国一张网"理念下各级各类天然气管道融合方案及运营协调机制。对融入国家管网各级各类管道，在"全国一张网"理念下，制定融合方案，研究融入管道的运营协调机制，提出"全国一张网"框架下高效可行的分级调控模式；针对管道的分级调控，制定与之相应的省网融入国网相关建设及运营控制模式方案，用以指导现有各级各类管道的改造提升，为国家管网未来各级各类管道建设及运营提供指导，提高省网融入效率。

提升油气管道工控系统网络安全水平。推进完善油气管网工控系统网络安全系列标准，以"分区分域、可靠认证、综合防护、集中管控"为防护原则，推进功能相互融合、管理分级负责的工控安全防御体系建设。建成油气管网工控系统网络安全态势感知系统，形成上下贯通、多方联动的工控系统网络安全监测预警体系，全面提升国家管网关键信息基础设施网络安全风险评估、态势感知、监测预警及应急处置能力。

提升输油管道泄漏安全保护能力。加强途经山地、环保敏感区输油管道泄漏自动关阀保护系统建设，建设管道断管泄漏保护程序，确保输油管道断管泄漏后能够开启自动保护停输关阀程序，降低安全和环保风险。

推动智能调控建设。继续积极推进输油管道一键启停输，天然气用户实施日指定目标一键分输，压气站一键启停等技术。而管网系统整体智能优化运行、管道整体智能调度操控、管道整体智能应急安全保护是未来发展方向，也是高质量发展的需要。

开展油气调控体系顶层设计与建设。为适应国家管网体制改革及区域化运维体制改革需求，结合一、二级管道分级调控实际，系统研究调控分中心设置、调控权调整、备控中心、灾备中心、监视调度室等建设标准，为总部及区域化改革提供业务支持。实现统一规划建设、统一运行标准、统一管理体系，提升管网整体控制水平；实现统一技术支撑、统一队伍建设、统一运维保障，提高管网运营效率。使油气调控中心向管网运行调控、安全状态监视、管道应急前哨、运行技术支撑、生产信息枢纽转变，建成全面感知、充分协同、调控灵活、安全高效的油气调控体系平台。

管道仿真

管道仿真是利用计算机技术模拟、量化管网内油气介质流动状态及变化过程，实时显示油气介质流动到管道任意位置的温度、压力、流量等关键参数的技术。

油气管道分布点多、线长、面广，系统庞大，结构复杂。对于这么复杂的油气输送系统，管内油气资源输送调配和运行管理难度巨大，管道运营企业通过调度控制中心借助油气管道仿真软件可实现管输油气资源集中调度与管理。

自管道规划设计开始，管道仿真就起着不可替代的作用，是管网规划、管道设计、调度方案编制、调度员培训等的常规工具，同时还用于诊断管网系统及设备运行状态、分析并制定各种事故应急方案，因而是大型复杂油气管网系统决策、设计、控制、管理不可或缺的重要工具。

二十世纪六七十年代是仿真软件的萌芽期及初级阶段，这一时期的软件性能不足以完全满足工程实际需要，软件商业化和普及程度都很低。二十世纪七八十年代，国际上管道仿真技术趋成熟并形成产品。经过40 年持续研发，几个知名管网仿真软件公司及其产品代表了管网仿真理论研究及应用技术最高水平。典型仿真软件有 SPS、Pipeline Studio、ATMOS Sim 、PIPEWORK、GREEG 等，其中 SPS、Pipeline Studio 软件用户占比约 70%，国际通用仿真软件产品情况见表。

国际通用仿真软件产品表

编号	基本情况
Synergi Pipeline Simulator（SPS）	美国 Stoner 公司管网仿真软件，后被 DNV-GL 公司收购
Synergi GasSynergi Gas	美国 Stoner-Advantica 公司管网仿真软件，后被 DNV-GL 公司收购
Pipeline Studio/Manager	英国 ESI 公司管网仿真软件，在被美国 EMERSON 公司收购后，研发出管网仿真技术在线管理软件 Pipeline Manager
NextGen（WinFlow、WinTran）	美国 GREGG 公司管网仿真软件
PSIganesi	德国 PSI Software AG 公司管网仿真软件
SIMONE	捷克 SIMONE Research Group 与德国 LIWACOM 公司联合开发的管网仿真软件

中国天然气管网仿真研究始于 20 世纪 80 年代初期，形成西南石油大学 PES、西安石油大学 PNS，中国石油大学（华东）川气东送模拟软件等成果。2008 年，中国石油天然气集团有限公司组织实施油气管道仿真引擎国产化，并于 2010 年发布了天然气管道仿真软件 RealPipe-Gas1.0。部分管道仿真研究成果在工业应用中得到验证，为实现工业级仿真软件产品研发奠定了基础，RealPipe 仿真软件和 PNS 仿真软件是其中两个代表性成果。

计算技术及人工智能技术的高速发展，将有力推动大数据、人工智能、高效计算、AV、AR 等技术与管道仿真领域融合发展，从而大大提高仿真效率与精度，扩大仿真应用场景。

智慧管网

智慧管网是在标准统一和管道数字化基础上，通过部署智能传感器，精准感知运营状态和内外部环境，泛在感知建、运、维等阶段能量流、资金流、物流、业务流形成海量数据和知识，构建基于大数据和知识图谱的分析计算模型，提升人机对话水平，在多目标决策中统筹全局智能辅助决策，支撑管网安全输送和高效运营的智能系统。

智能化是未来工业领域的发展趋势和必然选择，是工业领域战略性和颠覆性技术创新，是继蒸汽技术革命、电力技术革命、计算机及信息技术革命后的第四次科技革命。智慧管网在这样的背景下应运而生。

在全球范围内，针对智慧管网的研究和建设均处于起步阶段。国外油气生产与管道运营公司，如美国哥伦比亚（Columbia）管道公司、加拿大恩桥（Enbridge）管道公司、意大利斯纳姆（Snam）管道公司等，针对管道数字化、智能化发展普遍以运行控制、风险管理为重点，以完整性管理体系为支撑，以实现高度自动化、数字化、决策智能化为目标，开展探索与尝试，并在安全控制、优化管理方面取得一定进展。

中国石油于 2017 年提出"智能管道、智慧管网"发展目标，开展智慧管网总体设计，并设立《智慧管网建设运行关键技术研究与应用》重大科技专项。2019 年，国家石油天然气管网集团有限公司成立，提出"打造智慧互联大管网、构建公平开放大平台、培育创新成长新生态"两大一新战略目标，并依托中俄东线天然气管道实施中国首条智能管道试点工程。中俄东线天然气管道围绕"全数字化移交、全智能化运营、全生命周期管理"开展探索性工程实践、示范性应用与信息化建设，基于云设计平台实现数字化设计，应用电子标签技术实现设备物资数字化采购，依托 PCM 与智能工地实现智能化施工管理。开展了一键启停、计量交接电子化、控制功能优化、站场智能视频巡检等成熟技术应用与前沿技术探索，初步形成站场全面集中远控关键技术方案。在站场管理方面，开展了站场关键设备压缩机组、自控系统、计量设备及电气系统远程诊断研究；在线路管理方面，开展了一体化监测与预警研究，实现智能化视频监控、智能阴保远程监控等技术突破。中俄东线天然气管道智能化试点实施，为中国未来智能管道、智慧管网建设和运行积累了经验。

智慧管网远景展望：基于工业互联网平台，建成油气流、数据流、信息流互联互通的"全国一张网"，形成具备泛在感知、自适应优化能力的管网基础设施；采用数字孪生技术，建成与实体管网精准映射、同生共长的数字管网，实现管网基础设施在物理和虚拟世界的数字信息协同、感知控制协同以及知识智能协同。深入开展数据挖掘，形成系统的知识体系，建成"管网大脑"，各业务系统之间由数据交互逐步转向知识交互，实现跨部门、跨业务智能辅助综合决策。逐步建立以数据和知识为核心的数字化、智能化、平台化管理体系，使管网安全水平和运行效率取得跨越式发展。

著名输油输气管道

西气东输管道

西气东输管道是指在中国新疆外接中亚—中国天然气管道，输送引进的中亚天然气，通过管道与塔里木油气田、柴达木气田、鄂尔多斯气田和川渝气田连接。

西气东输管道是中国距离最长、口径最大的输气管道。已经建成一线、二线、三线、四线首段，规划中还有五线。

西气东输一线在2002年7月正式开工，于2007年全部建成，管道直径1016毫米，设计压力为10兆帕，供气范围覆盖中原、华东、长江三角洲地区。西起新疆塔里木轮南油气田，东西横贯新疆、甘肃、宁夏、陕西、山西、河南、安徽、江苏、上海等9个省区，全长4200千米，最终到达上海市白鹤镇。该管道工程采取干支结合、配套建设方式进行，到2009年底全线增输改造完成，输气能力由原设计的120亿米^3/年增至170亿米^3/年。

西气东输二线管道工程是中国第一条引进境外天然气资源的大型管道，由一条干线管道、八条支线管道组成，西起新疆霍尔果斯，东至上海，南至广东、香港，途经14个省（区、市）和香港特别行政区，全长8704千米，设计输量300亿米^3/年。西气东输二线工程于2008年2月22日正式开工，2011年6月30日干线投产，2011年底中亚天然气抵达广东省。

西气东输三线工程于2012年10月16日在新疆和福建同时开工。西气东输三线包括一条干线、五条支干线和四条支线。干线西起新疆霍尔果斯，东至福建省福州市，沿线经过新疆、甘肃、宁夏、陕西、河南、湖北、湖南、江西、福建和广东10个省区，干线管道全长5278千米，设计压力10兆～12兆帕，管径1219/1016毫米，设计输量300亿米^3/年，上游与中国—中亚天然气管道C线连接。主要气源来自中亚国家，国内塔里木盆地增产气和新疆煤制气作为补充气源，2014年8月25日全线贯通。

西气东输四线工程于2022年9月28日开工。西气东输四线起自新疆乌恰县，经轮南、吐鲁番至宁夏中卫，途经新疆、甘肃、宁夏共3个省（区），长度 1745 千米，管径 1219 毫米，设计输量 150 亿米³/年，增压后可达 300 亿米³/年。其中，新疆段工程长度 583 千米。2024 年 9 月 29 日，来自中亚和塔里木油田的天然气通过西气东输四线吐鲁番首站进入干线管道，标志着西气东输四线新疆段工程建成投产。

兰成渝成品油管道

兰成渝成品油管道是中国首条大口径、高压力、长距离成品油输送管道，中国实施西部大开发战略十大重点工程之一，被誉为西北西南地区"能源大动脉"。在"5·12"汶川大地震期间，兰成渝成品油管道更是成为抗震救灾的生命线。

兰成渝成品油管道于 1998 年 12 月开工，2002 年 9 月投产。全长 1250 千米，起于兰州、止于重庆，途经甘肃、陕西、四川、重庆等 4 省市的 40 个县市区。其中，兰州至江油段管径 508 毫米，江油至成都段管径 457 毫米，成都至重庆段管径 323.9 毫米，沿途设分输站 10 座，独立清管站 1 座。全线共有 18 个油库，总库容量 79.2 万立方米，年输送能力由 2021 年以前的 500 万吨突破至 700 万吨以上。

兰成渝成品油管道全线采用计算机数据采集控制系统，通过全球卫星定位（GPS）系统对输油全程进行在线监控，在中国首次采用超声波和注入荧光剂的方法区分油品界面，在一条输油管道内实现汽油、柴油、煤油等多种石油产品的顺序输送。

兰成渝成品油管道沿线地形地貌复杂多变，依次经过黄土高原、秦巴山地、成都平原、川渝丘陵等地貌单元，大部分地段地质、交通条件恶劣，施工条件艰苦。管道沿锯齿状连续起伏的地形敷设，最大高差达2270米，是典型的大落差管道。大落差地段混油界面的跟踪与控制技术在国际上无先例可循，给管道平稳运行和自动控制提出极其苛刻的技术要求，而且管道沿线分输点多，各分输点油品需求量极不平衡，使整个管道系统输送工艺极为复杂。

陕京天然气管道

陕京天然气管道是中国首都北京的天然气供应生命线工程，由陕京一线、陕京二线、陕京三线、陕京四线组成。

陕京一线于1992年动工，1997年10月建成投产。首站位于陕西靖边，末站位于北京石景山，途经陕西、山西、河北、北京、天津五省市，全长1098千米，采用X60钢，管径660毫米，设计压力6.4兆帕，年供气能力33亿立方米。是中国当时陆上距离最长、管径最大、途经地区地质条件最复杂、自动化程度最高的输气管道，达到20世纪90年代国际先进水平，在中国长输油气管道建设史上具有里程碑意义。

陕京二线于2003年动工，2005年7月建成投产。首站位于陕西靖边，末站位于北京大兴，途经陕西、内蒙古、陕西、北京四省市，全长935千米，采用X70钢，管径1016毫米，设计压力10兆帕，年供气能力120亿立方米。与此同时，连接陕京二线和西气东输管道的冀宁联络线工程也于2005年12月完工，陕京天然气管道实现"双管道""多气源"供气，改变了陕京管道建设初期单管道、单气源的供应紧张局面，使其逐步发展成为中国第一个含有管道、增压站、地下储气库的长距离、自动化高压输配气系统。

陕京三线2009年动工，2011年1月建成投产。首站位于陕西榆林，末站位于北京昌平，途经陕西、山西、河北、北京四省市，全长896千米，采用X70钢，管径1016毫米，设计压力10兆帕，年供气能力150亿立方米。

陕京四线2016年动工，2017年10月建成投产。首站位于陕西靖边，末站位于北京高丽营，途经陕西、内蒙古、河北、北京四省市，全长1114千米，采用X80钢，管径1219毫米，设计压力12兆帕，年供气能力250亿立方米。

西部原油成品油管道

西部原油成品油管道是指中国甘肃兰州以西的原油、成品油管道和宁夏中卫以西的天然气管道。

所辖油气管道干（支）线66条，总里程1.66万千米，总库容727万立方米。主要包括西气东输一线、二线、三线西段和涩宁兰等天然气管道，阿拉山口—独山子、乌鲁木齐—鄯善—兰州等原油管道，克拉玛依—乌鲁木齐、乌鲁木齐—兰州等成品油管道。天然气、原油、成品油出疆干线输送能力分别为770亿米^3/年、2000万吨/年、1000万吨/年。管道接收中亚进口原油、天然气，输送新疆油田、塔里木油田、吐哈油

中国石油在西部建设的大口径输油管道西部管道

田和青海油田所产的油气资源，以及独山子石化、克拉玛依石化、乌鲁木齐石化、玉门炼化等炼厂生产的成品油。管输天然气配送至国内 1/2 区域，管输原油服务东西部 7 个省区市 13 家炼厂，管输成品油辐射 13 个省区市。

川气东送管道

　　川气东送管道是继西气东输管道之后又一条贯穿中国东西部地区的管道大动脉。西起首站四川达州普光，东至末站上海，途经四川、重庆、湖北、安徽、浙江、上海等四省二市。

　　进入 21 世纪，位于四川省宣汉县的普光镇因发现中国最大海相整装气田而举世闻名。依托普光气田，川气东送管道应运而生。2007 年 4 月 9 日，国务院正式核准川气东送工程，其作为中国"十一五"重大工程，包括普光气田及其周边区块勘探开发、酸性气体净化处理、长距离管道输送、天然气利用配套项目等，是上下游一体化同步规划、同步设计、同步实施的宏大系统工程。同年 8 月 31 日，国务院在北京举行川气东送工程全线开工仪式。

川气东送管道全长 2206 千米，采用 X70 钢，管径 1016 毫米，设计压力 10 兆帕，设计年输量 120 亿立方米，沿线设输气站场 19 座，阀室 74 座。管道横贯巴山蜀水、鄂西武陵、江汉平原、长江三角洲，建设施工难度举世罕见：路难走、桥难修、料难运、沟难挖、洞难打、山难过、坡难护、河难穿、口难对、管难焊。815 千米的山区段山峦起伏、沟壑纵横、山高路险，管道翻越千米以上高山数十座，途经山体最大坡度达 85°，贯穿山体隧道 72 处，总长 92.7 千米。水网段湖泊众多、水网交织、堤垸纵横，先后穿越长江 7 次，穿越大中小型河流 501 次。

川气东送管道以普光气田为主供气源，普光气田外围构造及通南巴等气田为上产和接替气源，在合理供应川渝用气的前提下，主要向江苏、浙江、上海供气，兼顾沿线湖北、安徽及江西等省份用气。

中哈原油管道

中哈原油管道是中国第一条从陆路进口跨国原油的管道，也是哈萨克斯坦唯一不经过第三国直接输送到终端消费市场的原油外输通道。

作为中国最先开通的陆上能源战略通道，2004 年 7 月，中国石油天然气勘探开发公司（CNODC）和哈萨克斯坦国家石油运输股份公司（KTO）各自参股 50% 成立了中哈管道有限责任公司（KCP），负责中哈原油管道项目的投资、工程建设、管道运营管理等业务。

中哈原油管道输油能力为 2000 万吨 / 年，西起里海北岸的阿特劳，途经肯基亚克、库姆科尔和阿塔苏，终点为中哈边界阿拉山口，全长 2798 千米。管道的前期工程阿特劳—肯基亚克输油管线全长 448.8 千米，管径 610 毫米，于 2003 年底建成投产，输油能力为 600 万吨 / 年；库姆科尔—阿塔苏段，利用哈萨克斯坦石油运输公司原有管道；阿塔苏—阿拉山口段，西起哈萨克斯坦阿塔苏，东至中国阿拉山口，全长 962.2 千米，输油能力为 2000 万吨 / 年，管径 813 毫米（约 32 英寸），于 2006 年 5 月实现全线通油；肯基亚克—库姆科尔段，长 761 千米，于 2009 年 7 月建成投产，自此实现了由哈萨克斯坦西部到中国新疆的全线贯通。

中哈原油管道到达新疆独山子石化公司炼油厂

中俄原油管道

中俄原油管道是指中国和俄罗斯两国之间的输油管道。

2008年12月中旬,中俄两国正式签署长期原油贸易合作框架协议,明确从2011年1月1日起至2030年12月31日止,中方经由俄罗斯远东原油管道进口俄产原油共计3.0亿吨,每年进口1500万吨。按照此协议,中国石油建设了中俄原油管道漠河—大庆段工程(简称漠大线),在2011年1月1日开始正式运营。中俄原油管道在中国境内分漠河—大庆段工程和二线工程两部分。

漠大线起自俄罗斯远东管道斯科沃罗季诺分输站,管道全长999千米,俄罗斯境内72千米,中国境内927千米,管径813毫米。经中国黑龙江省和内蒙古自治区12个市、县、区,穿越11条大中型河流、15处铁路和26处二级以上公路,经过森林、丘陵和永冻土等生态环境脆弱的地区,是中国四大油气战略通道之一。每年可向中国输送1500万吨俄罗斯低凝点原油。设漠河首站、加格达奇中间泵站、讷河清管站和林源末站。首站位于黑龙江畔的漠河市,隔江通过65千米的管道与俄罗斯东西伯利亚—太平洋原油管道21#输油泵站相连,末站位于大庆林源,与庆铁线相连。经过增输改造其输送能力达到2200万吨/年。

漠大二线工程起始于黑龙江省漠河市兴安镇附近的漠河首站,途经黑龙江、内蒙古两省区,止于黑龙江省大庆市林源输油站,管道全长941.80千米,与漠大线并行871.6千米,管径813毫米,设计输油量1500万吨/年,设计压力9.5兆~11.5兆帕。全线设站场5座,线路截断阀室43座。按照中俄双方合同,于2018年1月1日投入商业运营。

中亚至中国天然气管道

中亚至中国天然气管道起自阿姆河右岸的土库曼斯坦和乌兹别克斯坦边境，横跨乌兹别克斯坦、哈萨克斯坦直到中国新疆霍尔果斯口岸。

共有 A、B、C、D 四条线路，其中 A、B、C 线并行敷设，起点设在土乌边界的乌国一侧，与土国境内的出口天然气管道衔接；D 线始于土乌边境，直接向东延伸翻山越岭后进入中国境内。四条管道将中亚五国全部连接起来，在中亚地区形成了向中国输气的南北两条能源走廊。

A 线：始建于 2008 年 6 月，2009 年 12 月 14 日投入运行。

B 线：2010 年 10 月 20 日投入运行。

A、B 两线管道直径均为 1067 毫米，采用 X70 钢级，2012 年 6 月输气总能力升至 300 亿米^3/年，进入中国境内后共同为西气东输二线供气。

C 线：2011 年开工建设，管径 1219 毫米，采用 X80 钢级，于 2014 年 8 月 7 日正式向中国通气。C 线与 A、B 线并行敷设，全长 1830 千米，设计输气能力为 250 亿米^3/年。其中 100 亿立方米来自土库曼斯坦，100 亿立方米来自乌兹别克斯坦，50 亿立方米来自哈萨克斯坦。C 线进入中国境后与西气东输三线相连。

D 线：气源为土库曼斯坦复兴气田二期，途经乌兹别克斯坦、塔吉克斯坦、吉尔吉斯斯坦进入中国境内，止于新疆乌恰。线路全长 1000 千米，设计年输量为 300 亿米^3/年。其中境外段 840 千米，境内段管道直径为 1219 毫米，设计压力为 12 兆帕，沿线设置 6 座线路截断阀室、

中亚天然气管道通气仪式在土库曼斯坦阿姆河天然气处理
厂举行（2009）

1座清管站和1座计量站，与西气东输五线在新疆乌恰计量站进行交接。
管道投产后，中国从中亚进口天然气输气能力将从每年550亿立方米提
升到850亿立方米，成为中亚地区规模最大的输气系统。

中亚天然气管道在哈萨克斯坦境内包括中哈天然气管道二期工程，
即哈萨克斯坦境内别伊涅乌—巴佐伊—奇姆肯特天然气管道，管输天然
气主要来自哈萨克斯坦西部油气区。管道起点位于哈萨克斯坦西部里海
地区曼格斯套州的别伊涅乌压气站（同时也是中亚—中央管道的中间压
气站），途经阿克托别州的巴佐伊，终点抵达南哈萨克斯坦州奇姆肯特，
在此与中亚天然气管道哈国段（中哈天然气管道一期）相连，线路总长
1454千米。该二期工程分两个阶段建设，第一阶段为巴佐伊至奇姆肯
特段，线路长度1143千米，2012年7月现场开工，2013年9月竣工。
第二阶段为别伊涅乌至巴佐伊段，线路长度为311千米。

中亚天然气管道与西气东输二线、三线相连接，将中亚的天然气供

应到中国华东的上海、浙江、江苏、江西，华南的广东、广西，并经过深圳到香港的海底管道，供应香港 10 亿立方米左右。中亚的天然气还经过西气东输管道到达陕北靖边，再经陕京管道输到北京。中国有 5 亿多人口使用着从遥远的中亚输送来的清洁能源。

中缅油气管道

中缅油气管道是继中亚油气管道、中俄原油管道、海上通道之后的中国第四大能源进口通道，包括原油管道和天然气管道，可以使原油运输不经过马六甲海峡，从西南地区直接输送到中国。

中缅原油管道的起点位于缅甸西海岸的马德岛，缅甸段 771 千米，设置站场 5 座，设计年输量 2200 万吨，并建设一座规模为 30 万吨级的原油码头，管道工程投运后，每年可为缅甸下载 200 万吨原油。中缅天然气管道起点在皎漂港，缅甸段 793 千米，设计输量 120 亿米^3/ 年，天然气资源主要来自缅甸境内气田。两条管道均采取中缅合资方式，中方占 50.9%，缅甸等其他方占 49.1%。天然气管道股份结构：中方 50.9%、缅方 7.365%、韩国大宇国际 25.041%、印度 OVL8.347%、印度 GAIL4.1735%、韩国燃气 4.1735%。在缅甸境内两条管道并行铺设，经若开邦、马圭省、曼德勒省和掸邦，进入中国云南瑞丽。在贵州油气管道分离，原油管道向北到达重庆，天然气管道则折向东南到达广西贵港。原油管道国内全长 1631 千米，天然气管道国内全长 1727 千米。

中缅油气管道境外和境内段分别于 2010 年 6 月 3 日和 9 月 10 日正

式开工建设。2013 年 9 月 30 日，中缅天然气管道全线贯通开始输气。
2017 年 4 月 10 日，中缅原油管道投入运营。

缅甸皎漂马德岛 120 万立方米储罐

中贵线把中缅天然气管道和西气东输系统连接在一起，使这两个管
网系统的气源可以进行相互调度和置换，同时也沟通了新疆气区、陕西
长庆气区和四川气区联络的通道，使中国油气管网格局基本形成。在紧
急情况下，多气源对下游用户的供应保障能力将得到进一步提升。

中俄东线天然气管道

中俄东线天然气管道是继中亚至中国天然气管道、中缅油气管道后，
向中国供气的第三条跨境天然气长输管道。是中俄两国天然气领域最重
要、最大宗贸易合作的纽带，对于深化两国经济领域合作、带动相关产
业发展具有积极的推动作用，进一步拉动俄罗斯远东地区及中国东部地
区经济发展，提升沿线人民生活质量。

　　中俄东线天然气管道项目是中国石油天然气集团有限公司 (简称中石油) 与俄罗斯天然气工业公司的联合项目，包括俄罗斯境内的西伯利亚力量管道和中方境内的中俄东线天然气管道。此工程项目历经 20 余年的谈判、近 6 年的前期研究、近 4 年的紧张建设，是迄今为止中国管道建设史上里程最长、管径最大、设计压力最高、钢级最高、单线输气规模最大、技术最先进的天然气管道项目。项目实施过程中，开创了基于管网模式的设计理念，将新建管道与已建管道有机结合构成完整连续的管网通道。面对冬季最低气温 -40℃、夏季大面积沼泽湿地、社会依托差、有效工期紧等重重挑战，大力实施管理创新与技术革新，实现工期、质量、安全、环保、投资的全面受控。促成了 1422 毫米钢管科研成果的转化与应用，推动了 1422 毫米管道用施工、检测装备的研发与应用，实现了核心技术与关键装备提档升级、全面国产化，并以全数字化移交、全生命周期管理、全智能化运营为目标，开启了中国智能管道建设的新征程。

　　西伯利亚力量天然气管道是中俄东线天然气管道俄罗斯境内段，西起伊尔库茨克州，东至俄罗斯远东港口城市符拉迪沃斯托克（海参崴），连接俄罗斯东西伯利亚科维克金气田和恰扬金气田的天然气管道。全线采用 X80 钢，全长近 3000 千米，设计年输量为 380 亿立方米。管道 2014 年 9 月动工建设，2019 年 12 月，恰扬金气田至布拉戈维申斯克（海兰泡）与中国接壤段建成投产，长约 2200 千米。科维克金气田至恰扬金气田段于 2020 年开工建设，2022 年 12 月 21 日正式投产通气。

中俄东线在中国境内北起黑龙江黑河，南至上海，途经9个省、自治区、直辖市，全长5111千米，分北段（黑龙江黑河—吉林长岭）、中段（吉林长岭—河北永清）、南段（河北永清—上海）三段核准建设。自2019年12月2日北段率先投产通气以来，中俄东线吉林长岭至江苏泰兴各段先后投产通气，输送的天然气从首年的50亿立方米逐年攀升至2024年的超300亿立方米。2024年12月投产通气的南通—甪直段，是中俄东线南段最后一段新建管道，标志着中俄东线全线贯通，实现"北气南下"直抵上海，并通过与西气东输管道系统连通，进一步覆盖浙江、安徽等地。

全线贯通的同时，中俄东线实现380亿米³/年满负荷运行，并与东北管网、陕京管道系统、西气东输管道系统、沿海多座液化天然气接收站等实现互联互通，将有效增强中国东部地区天然气供应能力和应急调峰保障能力，对"十四五"期间构建中国天然气管网"四大战略通道＋五纵五横"新格局、更好保障国家能源安全和经济安全具有重要意义。

自2019年12月北段投产通气以来，中俄东线累计输气量突破800亿立方米，不仅形成了新的全国供气格局，使天然气供应渠道更加多元，还带动了沿线产业转型升级，惠及沿线4.5亿人口。

土耳其溪天然气管道

土耳其溪天然气管道是俄罗斯穿越黑海到达土耳其的两条海底天然

气管道。

土耳其溪天然气管道包括两条海底支线，每条长 930 千米，其中 660 千米为原南溪管道黑海穿越段，其余为直达土耳其欧洲部分新规划管道，采用 X65 钢，管径 812.8 毫米，设计年输量 315 亿立方米。

此管道为替代南溪管道（2014 年 12 月俄罗斯正式宣布取消该项目）而建，旨在将俄罗斯天然气经黑海北岸阿纳帕附近在建的罗斯卡亚压气站出境，穿越黑海送抵土耳其，并有望延伸至土耳其、希腊边境的天然气枢纽系统，向南欧用户供应天然气。2017 年 5 月海底管道工程建设启动，2018 年 11 月 19 日海底管道工程竣工，2019 年土耳其溪天然气管道全线建成，2020 年 1 月 8 日，正式商业运营。

阿拉斯加原油管道

阿拉斯加原油管道是世界上第一条伸入北极圈的原油管道。起自美国阿拉斯加最北部北坡的普拉德霍湾，纵贯整个阿拉斯加地区，终止于南部阿拉斯加湾的不冻港瓦尔迪兹。

管道全长 1277 千米，管径为 1220 毫米。沿线翻越 1460 多米高的布鲁克斯岭、近 1100 米高的阿拉斯加山脉和近 900 米高的楚加奇山脉。穿越主要河流 34 条，其中最长河流为育空河，管道吊挂在公路桥上。管道还通过 700 千米左右的永冻土地带；所经地区的冬季气温一般在 -51 ～ -48℃，最低气温为 -57℃。

1968 年发现阿拉斯加北坡油田，1973 年底开始准备修建管道。从

纵贯阿拉斯加管道

1974 年 4 月到 1977 年 4 月，三年间修建了沿线的公路、8 座中间泵站、1 座终点站和全部管道工程；输油能力达到每年 5600 万吨。设计年输油能力最大为 1 亿吨，共需建 12 座中间泵站。每个泵站设 4 台专为这条管道设计的 13500 马力航空改型燃气轮机，经变速后带动双级离心泵机组，泵的转速为 3250 转 / 分，泵组并联运行。北部地区的 4 座中间泵站，利用专用的天然气管道输来油田气作为动力燃料；另外有 3 座中间泵站，用从拔顶装置抽出的油品作为动力燃料。全部泵站的总装机容量近 650 万马力。

在输油管道的终点站，设有 18 座油罐，总的罐容近 150 万立方米，相当于最大输送能力时 7.5 天的输量。终点站码头有 3 个固定泊位和 1 个浮动泊位，利用 12 英寸和 16 英寸的装油臂，可装 1.6 万～ 26.5 万吨的油船，将原油运往美国的西部海岸。

管道采用 API 5LX 标准中 X60、X65 和 X70 高强度耐低温的钢材，管壁厚为 11.7 毫米和 14.3 毫米；管道的 90% 采用直缝钢管，设计工作压力为 84.5 千克力 / 厘米^2。通过永冻土地区的管道有 681 千米是架空敷设的，用 100 毫米厚的绝热层保温。保温管道架设在 8 万多个装有散热片的液氨"热管"系统的管架上，以防止管道系统的热量传入永冻土。其余的 600 千米左右管道是埋在地下敷设的，其中有大约 6 千米长的永冻土区的管道，采用两边带有冷冻液体伴冷管的敷设方式。阿拉斯加输油管道敷设方式，还考虑到了北极地区环境保护要求，并注意到不干扰北极驯鹿的迁移途径、产仔和自然栖息条件等。

阿拉斯加北坡油田的原油比重为 0.89，凝点为 -2.5℃（27.5 ℉），含蜡量 6.3%（重量），运动黏度在 21.1℃时为 26 厘泊、37.8℃时为 12.6 厘泊。采用密闭流程不加热输送。虽然原油凝固点在 0℃以下，但在冬季时仍然大大高于外界气温。采用大于 3 米 / 秒的流速输油，利用管道内沿程摩擦产生的热量，维持沿线的油品温度在 60℃左右。

科洛尼尔成品油管道

科洛尼尔成品油管道是美国最大的地下燃料油管网。

起自美国得克萨斯州的休斯敦，干线终于新泽西州的林登，全长 2400 千米，1963 年建成，管径 762 ～ 914 毫米；支线全长 2100 千米，管径 152 ～ 559 毫米。1972 ～ 1979 年建设的复线长约 2100 千米，管径为 914 ～ 1016 毫米；复线支线长约 1200 千米。

管道每日平均将 359.6 百万升汽油、煤油、民用燃料油、柴油和军用燃料油输送到美国 12 个州以及哥伦比亚特区的终端。

科洛尼尔成品油管道改为双线后共设 53 座泵站、30 座支线泵站以及 281 处交油站,总功率达 107 万千瓦,成品油输送量为 33.4 万吨 / 天。双线可顺序输送不同牌号的成品油 118 种,输量达到 9300 万吨 / 年。管道的监控系统为主控站、分控站和遥控站三级控制系统。亚特兰大总控制中心设有 a、b、c、d 四个主控站。

科洛尼尔管道采用密闭输送工艺,多种油品顺序输送的典型批次为:高级汽油→粗汽油→煤油→燃料油→柴油→煤油→粗汽油。采用单线输送,一个顺序周期为 10 天;采用双线输送时为 5 天。

缅甸皎漂马德岛 120 万立方米储罐

干线管道的压力为 4 兆帕,站间距为 77 ～ 105 千米。一般地段干线管径为 1016 毫米,管道的管壁厚度为 7.9 毫米;穿越一般河流采用 X42 钢材,管壁厚度为 12.7 毫米;各种防腐涂层所占的比例为石油沥青 78%、玛蹄脂 11%、煤焦油 8%、聚乙烯 3%。整条管道采用阴极保护。

马格里布至欧洲输气管道

马格里布至欧洲输气管道是向西班牙、葡萄牙及摩洛哥供应天然气的跨国管道输送系统。管道将阿尔及利亚哈西鲁迈勒（Hassi R'mel）气田经摩洛哥与西班牙安达卢西亚自治区科尔多瓦市连接起来，并与西班牙和葡萄牙天然气管网相连，向上述三个国家供应天然气。

管道干线始建于 1994 年 10 月 11 日，1996 年 11 月 9 日投入使用，建设耗资 23 亿美元，全长 1620 千米（在阿尔及利亚境内 515 千米），年输送能力 120 亿立方米。2021 年 10 月 31 日，阿尔及利亚总统宣布终止马格里布—欧洲天然气管道。

海豚天然气管道

海豚天然气管道是中东地区最大跨境能源项目之一，由海豚能源公司运营。又称拉斯拉凡至阿拉伯联合酋长国管道。

此管道始于卡塔尔拉斯拉凡港，经波斯湾近海到达阿拉伯联合酋长国塔维拉，全长 364 千米，管径 1219 毫米，年输气能力 300 亿立方米，建设耗资 70 亿美元，2003 年开始运营。2015 年，海豚能源公司在管道原有六台压缩机基础上新增三台压缩机，以扩大管道输气能力。

海豚天然气管道将卡塔尔巨型北田与阿拉伯联合酋长国、阿曼连接起来，使卡塔尔所产天然气输送至阿拉伯联合酋长国和阿曼。该管道首次将阿拉伯联合酋长国、卡塔尔、阿曼整合到一个综合区域能源网络中。

第 2 章
综合运输

综合运输由两种及以上运输方式组成，方式间协调发展、高效衔接和一体运行，是能有效满足客货运输需求的安全、便捷、高效、绿色、经济的交通运输有机整体，是交通运输工程学科的二级分支学科。

从国家整体利益和战略角度出发，在满足经济社会发展需要的同时，追求运输效率、服务水平、资源环境影响三者的整体最优。与综合交通运输、综合交通体系、综合运输体系、综合交通运输体系等词经常存在混用的情况，含义基本一致。也有将综合运输解释为通过两种以上运输方式完成客、货位移的过程，这是从运输角度做出的狭义界定。

◆ 发展概况

中国最早提出综合运输的概念是在 20 世纪 50 年代中期。当时，交通基础设施亟须进行全面布局和建设，受苏联计划经济思想影响提出的，目的是建设统一的交通运输整体，通过有计划、按比例的发展，在有限的投资下充分利用各种运输方式能力，提高运输效率，减少运力浪费。20 世纪 80 年代前，强调综合发展、综合利用、按比例协调发展，希望以单一运输方式的线路布局为主导，通过相互间的分工和连接以及指令性计划运输形成一张运输网；20 世纪 80 年代，强调遵循各种运输方式的一般性技术经济特征，注重各种运输方式间合理分工；20世纪90年代，公路、水路市场化进程加快，设施能力迅速增强，完成的客货运量占全社会客货运量的比例迅速上升，铁路建设资金不足、能力短缺，强调补足铁路运力短板，构建综合运输通道；2000年以来，综合运输通道建设取得显著的成效，强调服务国家经济社会发展，促进综合运输通道布局更加完善，建设综合客运枢纽和货运枢纽，发展多式联运，提升交通运输整体效率、效益，以尽可能小的成本实现各种运输方式协调发展、运输结构合理、运输服务高效、运输环境友好；2017年，中国共产党第十九次全国代表大会报告提出建设交通强国；2019年，中共中央、国务院印发《交通强国建设纲要》，提出构建安全、便捷、高效、绿色、经济的现代化综合交通体系，打造一流设施、一流技术、一流管理、一流服务，建成人民满意、保障有力，居世界前列的交通强国。

美国、日本、德国、英国等发达国家发展综合运输的思想和政策主要始于20世纪中后期，是在各种运输方式已获得比较充分的发展，大规模的交通基础设施布局和建设已基本完成，运输需求结构比较稳定的成熟发展阶段和情况下开始的，主要目的是促进各种运输方式间的无缝衔接、高效率协调和实现生态环保。美国联邦政府于1991年颁布《综合系统地面运输效率法案》（又称"冰茶法案"，ISTEA），确立了交通发展资金由仅限于公路项目拓展到公交等综合运输建设项目；1998年，发布《21世纪交通运输公平法案》（又称"续茶法案"，TEA-21），要求各类交通规划必须从多式联运和一体化运输的角度考虑问题，更加重视安全性、人性化和社会公平问题，努力提升运输服务质量。20 世纪 80 年代中期，日本综合运输政策的总体方向是从汽车社会转向公共交通运输，推进铁路干线的高速化，发展城市轨道。20 世纪 90 年代以来，德国公路交通引发的环境问题日益凸显，德国政府调整以往公路主导的政策，全面推进公路、水路、铁路等多种运输方式协调发展。

◆ **基本组成**

综合运输组成可从不同角度进行划分。按运输方式，分为铁路、公路、水运、航空、管道。按构成要素，分为基础设施、运输装备、运输组织和运输管理。基础设施包括各种运输方式的线路、枢纽场站以及相关的通信设施、运输辅助设施等。运输装备包括载运工具、装载装备等，其中，集装箱、挂车和托盘是三类重要的标准化载运工具。运输组织可分为客运组织和货运组织，企业是开展运输组织的主体，实现旅客门到门出行体验和货物"一票到底"点到点服务，被称为一体化运输服务，是运输组织追求的重要目标。运输管理包括企业运输管理和政府运输管理。

综合运输作为一个整体，统筹多种运输方式，并统筹基础设施、运输装备、运输组织、运输管理等领域，其主要研究领域包括综合运输与经济社会发展的互动关系、综合运输结构优化、综合运输发展评价、各种运输方式的技术经济特征比较（运输能力、运输成本、运输效率、运输服务水平、能源消耗、土地占用、安全、环保等）、综合运输模型构

罐式集装箱运输

建及预测、综合运输发展动态监测、综合运输发展战略与规划、综合运输发展政策与法律法规等。针对综合运输的组成，以方式间协调、衔接为重点。基础设施方面，主要研究综合运输通道布局、通道内线路优化配置（如公铁共用通道）、综合交通枢纽节点城市布局、综合运输枢纽场站布局、综合运输枢纽场站发展等；运输装备方面，主要研究方式间通用的标准化运输装备；运输组织方面，主要研究运输结构优化、运输服务评价、旅客联程联运、货物多式联运、城市公共交通服务、城乡物流配送服务等；运输管理方面，主要研究综合运输法律法规体系，促进综合运输通道、综合运输枢纽、城市公共交通、多式联运等发展的政策，综合运输通道和综合运输枢纽规划建设技术标准、综合运输服务标准、多式联运技术标准、集装箱技术标准等，以及综合运输管理体制机制等。

◆ **学科关系**

综合运输是交通运输的分支学科。交通运输是一个复杂的大系统，由各种运输方式组成，其中，研究各种运输方式组成的系统整体最优以及方式间的协调发展、高效衔接、一体服务，是属于综合运输研究的内容，各种运输方式内部自身的、对综合运输整体构成影响不大的内容，不属于综合运输研究的范畴。

多式联运是综合运输的重要组成部分，是依托两种及以上运输方式的有效衔接，提供全程一体化组织的货物运输服务。

现代物流超出了综合运输的范畴，综合运输是现代物流发展的基础环节，也是降低物流成本、提高物流服务品质的重要途径。建设物流大通道和方式间高效衔接的货运枢纽、促进货运结构优化、发展多式联运、提高跨运输方式信息互联应用水平、发展标准化运输装备等，都是促进现代物流发展的重要措施。

区域交通一体化与综合运输在内涵上有交叉，其概念提出源于区域一体化，目的是打破地区行政壁垒，实现跨行政区交通基础设施对接，建立区域统一的市场、政策、标准等，既包括同一运输方式跨行政区的一体化（如公路跨市衔接），也包括跨市综合运输通道、区域性综合运输枢纽以及跨市多式联运等各种运输方式之间的一体化，后者属于综合运输研究的内容。

◆ **前沿问题**

综合运输把各种运输方式作为有机整体，需要研究整体的规模和结构，研究如何衔接平衡各种运输方式，处理好整体与局部的关系，确定整体的最优规模和结构。安全、便捷、高效、绿色、经济是综合运输发展追求的目标，以此为指引形成系统全面、可量化可评估的指标体系也是有待研究的重要问题。各种运输方式间充分竞争是运输结构得以优化、服务效率得以提升的根本动力，也是从经济学角度研究综合运输问题的基本情景设定。现实生活中各种运输方式之间、同一运输方式内部存在自然垄断性、公益属性的差异，以及实际生产运营中服务定价并未完全遵循市场规律，使得综合运输的市场竞争问题十分复杂。信息时代电子商务、共享经济、平台经济等新业态蓬勃发展，自动驾驶、车路协同等新技术不断涌现，交通运输需求特征显著变化，各种运输方式之间的市场竞争结构发生变动，研究新技术、新模式、新业态对综合运输供给模式、结构转变的影响十分必要。城市群交通混杂了对外交通与城市内部交通，部分城际出行呈现出通勤交通的特征，使得单纯用于对外交通或城市交通的技术方法体系在这一领域遇到了很大困难，其内在规律仍有待挖掘，规划理论和方法体系亟待完善。

运输组织

运输组织是指在运输企业生产和经营实践中发展起来的、关于运输资源合理配置与优化利用的理论和技术。

运输组织必须适应运输产品实现的跨地域特点，适应市场多样化需求，在许多情况下需要通过制度和技术手段实现多种运输方式相互配合的运输过程。运输组织从系统整体优化的目标出发，对运输环节、运输工序、运输流程进行科学合理的优化安排，实现运输生产高效运转、各运输环节协调运作，从而为旅客和货主提供优质的运输服务，并获得最佳的经济效益、社会效益和环境效益。

根据运输对象的不同，运输组织可分为旅客运输组织和货物运输组织。旅客运输组织是通过合理布置客运有关设备、设施，制定客运工具运行计划，以及对客流采取有效的分流或引导措施来组织客流运送的过程。货物运输组织是在一定的供需条件下，按照货物的特点及其运输条件，综合考虑货物的运量、运距、流向和中转等因素，以最适宜的运输工具、最合理的运输费用、最少的运输环节、最佳的运输线路、最快的运输速度，将货物运送到目的地的过程。

随着运输技术的不断进步以及人们对运输要求的不断提高，运输组织呈现科技化、协同化和绿色化发展趋势。科技化是依靠科技水平，增加运输组织科技含量；协同化是由单一方式运输组织局部优化，转向多种方式联合运输组织全局优化；绿色化是在运输组织每个环节上充分贯彻绿色发展理念，节约能源，减少废气排放。

运输量

运输量是运输部门在一定时期内运送旅客和货物的数量，是运输生产的量化指标。通常以运量和运输周转量表示，体现了运输生产的规模与水平。其中，运量是指在一定时期内某区域范围运输业完成的旅客运送人数或货物运送吨数，反映了旅客或货物运输的发送总量；运输周转量则是指一定时期内某区域范围运输业完成的旅客运送人数或货物运送吨数与运输里程的乘积，真正反映了运输业的工作总量。旅客周转量的计算单位是人公里，货物周转量的计算单位是吨公里。此外，铁路、民航还计算换算周转量（公路运输使用客货换算系数，但一般不将换算周转量作为评价指标），即将旅客周转量按规定系数折算成与货物周转量同一计算单位，再与货物周转量相加求得，计算单位是换算吨公里。它是全面反映运输业完成运输产品总量的综合性指标，主要用于计算劳动生产率和运输成本。

交通运输业与国民经济发展密切相关，运输量这一指标常作为分析宏观经济发展变化的重要参考依据。旅客运输量与经济发展和人均收入水平存在正相关关系；货物运输量则直接与经济增长、工业化水平等相关，并可反映经济结构变化。

◆ **货流**

货流是指货物在既定运输线路路段的一定时间和方向上流动。

货流的基本要素包括流量、流向、流时等。货流按流经区域，可分为货物运输起讫点在同一区域内的区内货流、起讫点在不同区域内的区间货流和运输货物仅通过该区域的过境货流；按流动方向，可分为顺向货流和反向货流，一般以流量较大的方向为顺向，

快递仓储运分拣中心

反之为反向。

货流量在时间上的分布一般是不均衡的,如农产品生产有季节性,其货流量也呈季节性变化。这种不均衡性可用运量波动系数表示,其中,月波动系数是一年中最高月份运量与平均月份运量之比。货流量在方向上的分布也不均衡,如矿山及其他原材料产地的产品呈明显的单方向流动,所以又称单边货流。反向与顺向货流量之比称为回运系数,系数越大(不超过1),车船的行程利用率越大。为了提高货运运输效率,货流应该尽可能合理,力求避免或减少单向和过远的货流以及同种货物的对流。利用最优化数学方法可以合理规划货流,缩短货物的平均运距。

◆ 客流

客流是指旅客在既定运输线路路段的一定时间和方向上移动。

客流具有流量、流向、流时等基本特征,与所在区域的城镇布局、人口规模、经济发展水平、人文景观的分布等有密切的关系。客流流量在方向分布上相对平衡,除自然灾害或人口迁徙等原因外,一般呈现往返的规律。客流流量在时间分布上是不均衡的,呈现出一定波峰与波谷的波动规律性。

客流是合理规划运输网、配置客运站点设施、配备旅客运输工具和编制其运行作业计划的基本依据。为掌握客流情况,传统方法有直接观测法和调查法等。直接观测法包括3种方法:①目测法。由驾驶员或售票员目测客车满载程度。②高峰断面观察法。在客流集中的断面观察记录全日各时间的客流量。③站点观察法。在车站观察记录上下车人数和来去方向。调查法有票根或刷卡量计数法和表格调查法，调查表可发给居民或随车发给乘客。

深圳北站客流

为适应建设和管理的精细化要求，伴随各种数据资源的不断完善，大数据分析技术正广泛应用于客流监测。

◆ **运距**

运距是指运输工具载运旅客或货物的起讫点之间的路程长度，全称运输距离，具体指旅客从上车点至下车点、货物从装货点至卸货点，一般以千米为计量单位。测算和分析平均运距和经济运距两个指标，在经济管理工作中具有重要意义。

①平均运距。指一定时期内，平均每位旅客、每吨货物被运送的千米数。其计算公式是：

平均运距＝计算期旅客（货物）周转量／同期旅客（货物）运量

②经济运距。指在一定的运输条件下，如运输网络布局、客货源状况、各种运输方式的技术经济特性等，某种运输方式能发挥最佳经济效

益的旅客或货物运输距离。它是在各种运输方式之间相互比较测算获得，数值具有一定变化范围和幅度。对不同种类的货物、不同的运输方式和同一运输方式中不同类型的运输工具，经济运距各不相同。测算和分析经济运距可以为确定各种运输方式的合理使用范围提供依据。随着经济的发展和科学技术的进步，以及各种运输方式技术装备的进步、经济管理水平的提高，经济运距也在不断地发生变化。

◆ **运输密度**

运输密度是指在一定时期内，某种运输方式在所设定的运输线路上，平均每千米线路所承担的货物（旅客）周转量。

运输密度是考核运输线路能力的利用程度和运输工作强度的指标，可以反映运输能力与运输量之间的适应程度。中国和世界经济发达国家的运输密度一般多用于分析铁路和轨道运输。新线设计、旧线改造、运输设备和运输组织工作等，多采用运输密度为重要决策依据。

运输密度分为货物运输密度、旅客运输密度和换算运输密度。

货物运输密度（吨公里／公里）按下式计算：

货物运输密度 = 货物周转量／营业线路总长度

由于货流量在运输方向上不均衡，在计算具体线路或区段货运密度时，应按上行和下行方向分别计算。货运密度大的方向称为重车方向。

旅客运输密度（人公里／公里）按下式计算：

旅客运输密度 = 旅客周转量／营业线路总长度

为了能够较全面地反映出运输能力的利用程度和运输工作强度，可用换算运输密度表示，即单位营运里程上的换算周转量被称为换算运输密度。换算运输密度大，表明运输工作强度大，线路能力的利用程度也越高。

换算运输密度（换算吨公里/公里）按下式计算：

换算运输密度＝换算周转量/营业线路总长度

集装箱运输

集装箱运输是以集装箱作为载体进行运输、装卸、搬运的货物运输形式。将适箱件杂货物装入集装箱形成标准载运单元，采用机械装卸和搬运、专用车船运载，完成全程运输服务。

◆ 发展进程

集装箱运输起源于英国。19世纪中叶，英国出现了一种运输棉纱的带活动框架的载货工具。1900年，在铁路上首次试行了集装箱运输，随后相继传到美国、德国、法国、日本等国家。20世纪60年代，集装箱运输进入了以海上运输为主导的快速发展阶段，涌现出许多新工艺、新机械、新箱型、新船型以及现代化管理方式。20世纪80年代以后，集装箱运输进入成熟阶段，表现为：①硬件与软件的成套技术趋于完善。集装箱船向全自动化、大型化发展，并使用大型船舶组织环球航线，码头装备自动化装卸桥等。②集装箱运输进入多式联运阶段。主要特征是以国际远洋船舶运输与铁路运输、公路运输相衔接的国际多式联运，出现了集装箱码头及专用泊位、铁路双层集装箱车辆和集装箱正面吊机等集装箱运输专用设施和装备。

中国集装箱运输的发展始于 20 世纪 50 年代。1955 年，铁道部成立了集装箱运输营业所，在北京等 6 个车站开展铁路集装箱试运营。70 年代开展集装箱水上运输，1973 年开始集装箱远洋运输。80 年代，与世界同步使用大型集装箱船，开辟多条全集装箱班轮航线。90 年代以后，集装箱多式联运取得了全面、快速发展。现已形成了现代化的集装箱船队和集装箱码头，以远洋船舶运输为标志的国际集装箱运输在运力和运量上已处于世界前列，开行了往来于中国与欧洲及"一带一路"沿线各国的集装箱国际铁路联运班列。

◆ 种类

集装箱运输可以由单一运输方式组织完成。包括：①铁路集装箱运输。其主要组织形式为编开集装箱定期直达列车和转运列车，小批量的集装箱则编入货运列车运送。②公路集装箱运输。指汽车集装箱直达运输和作为联运组成环节的运输。③海运集装箱运输。在发货地港口组织

铁路集装箱运输

公路集装箱运输

海运集装箱运输

航空集装箱运输

整箱货或拼箱货装箱，运达收货地港口后整箱交付或拆箱分送各收货人。

④航空集装箱运输。使用航空专用集装箱，采用货物整箱或拼箱运输方

式。集装箱运输特别适用于两种或两种以上运输方式的联运，包括铁水、公水、公铁等多式联运，其中海陆联运是主要的联运方式。

◆ **特点**

集装箱运输依托标准化和集装化，节省了包装和仓库费用，途中货物不用倒装保证了货运质量，装卸过程可以实现装卸作业机械化，且不受天气的影响，具有提高劳动生产率、加速货物送达和运输工具周转、降低运输费用、实现管理现代化等优点，促进了铁路、公路、水路等单一方式运输向"一次托运、一次收费、一票到底、全程负责"的多式联运发展。集装箱运输成为高效率和高效益的运输形式，被世界公认为运输史上的一场革命。

散装货物运输

散装货物运输是使用专用运输工具和设备运送不加包装，基本为自然形态货物的一种运输组织形式。

散装运输是货物运输方式的一项重要变革。一般情况下，为了使货物在载运和装卸等作业环节中保持完好，需要对货物实施不同形式的包装。随着运输装备和技术的进步，运输货物的包装经历了不断变化，部分种类大宗货物逐渐演变为散装货物运输，如颗粒状和粉末状货物经历了桶装—袋装—散装的过程；液体货物由桶装（瓶装）发展到散装，并实行了管道运输。

实现散装货物运输，需要生产、运输、装卸、储存和使用等主要环节的设备配套和工作协调。根据货物种类的不同，通常，散装运输使用专用的载运设备，具有较好的密封性、较大的载重量，便于装卸以及具有一定的通用性，如粮食散装车、水泥散装车、罐车、散装船、散货集装箱和管道等。专用车辆装卸设备一般有重力式、机械、风动和气力等四种装置，专用船舶视其结构分别采用较高压力的压缩空气吹卸和低压大风量的空气吹

散装货运船

卸。储存设备为储存库（或中转库），分为永久性（适用于常年用户）、流动性（适用于流动性的工地）、半永久性等，且均设有出入库房设备和卸料设备。散装运输中各个环节使用的设备，以能够连续输送和准确计量为基础，计量设备有轨道衡、地中衡等，实际中结合载运设备的类型、规格和载重量进行选择。

散装货物运输具有实行机械化装卸，加速车船周转，节省包装的物料、人力、财力，提高运输效率，减少货物损失，保证运输质量等方面的优点。

零担货物运输

零担货物运输是将多张运单中重量或容积不满足一个完整载运单元的货物整合为一个载运单元进行运输的组织方式。

根据运输方式不同，载运单元可为铁路货车车辆、货运汽车或汽车挂车，以及集装箱等。其中，零担货物在使用集装箱运输时又称拼箱货。世界各国对零担货物运输的重量、体积、件数以及运输条件等都有与其运输方式特征相对应的限制性规定。

运输组织形式包含多种组织方式：①直达零担运输。在起运站将不同发货人托运至同一到站并且性质适宜配置的零担货物装在一个载运单元内运至目的地的运输组织形式。②中转零担运输。在起运站将不同发货人同一方向不同到站并且性质适宜配载的零担货物装在一个载运单元内运至规定的中转站，与其他零担货物按同一到站重新进行集配后继续运输的运输组织形式。③沿途零担运输。在起运站将多个发货人托运同一条线路、不同到站并且性质适宜配装的零担货物，同车装运至沿途各计划作业点，卸下到达目的地或装上发送的零担货物后继续行驶，直至最后终到站的运输组织形式。

零担运输具有灵活方便，适应商品经济发展的需要；有利于建立货运网络，实现货畅其流；有利于提高运输工具效率，节约运力与能源等方面的优点。为加快零担货物的运输速度，提高零担货物运输质量，可采用公路零担班车、铁路零担班列等定运行时间、定运行线路的运输组织形式。

整车货物运输

整车货物运输是指托运人一次托运的货物在重量、性质、体积、形状等指标上适宜采用一个载运单元进行运输的运输组织形式。

◆ **分类**

根据运输方式不同，载运单元可为铁路货车车辆、货运汽车或汽车挂车等。

按运输形式可以分为整车直达和整车分卸。①整车直达。是从发送点（站）至到达点（站）的运输过程中不产生换装和装卸等作业，又称"门到门"或"站到站"。按货车载重标准吨数和运输里程向托运人收取费用。②整车分卸。托运人托运同一到站的货物数量不足一车而又不宜按零担办理时，也可采用整车分卸方式，将起运站和运输方向相同、到达站不同的货物拼装成整车，依次不同到站分别卸货，运输部门按货车载重标准吨数和到达站最远里程数向托运人收费。

◆ **特点**

整车货物运输通常是一车一张货票、一个发货人，运输企业应尽量匹配额定载重量与托运量相适应的车辆，但当承担货运的车辆载重量较大，货运量低于车辆额定载重量时，为合理使用车辆的载重能力，也可以拼装另一托运人托运的相同到站的货物，即一车两票或多票，但货物总重量不得超过车辆额定载重量。

铁路运输与公路运输因具有不同特点，对整车运输在车辆吨位、货物重量等方面制定了各自的运输规则。如铁路整车货物运输要求以标记载重量30吨的货车为基准货车；公路则以一票运单货物重量在3吨或3吨以上，或货物重量虽不足3吨，但其性质、体积、形状需要一辆3

铁路整车货物运输

吨以上汽车进行运输的。此外，由于公路货运车辆的载重量相差较大，整车货物实行拼装的现象也十分普遍。

整车运输一般不需要中间环节或中间环节很少，具有货物送达时间短、相应的货运集散成本较低的特点，适用于货物品种相对比较单一，装卸地点比较固定的货物运输条件。涉及城市间或过境贸易的长途与集散运输，如国际贸易中的进出口商通常以整车为基本单位签订贸易合同，以便充分利用整车货物运输的快速、方便、经济、可靠等优点。

危险货物运输

危险货物运输是指对于具有易爆、易燃、毒害、感染、腐蚀等危险属性的货物，为防止受到一定外界条件影响酿成爆炸、燃烧等严重事故，而采用特殊类型载运单元、装卸设备以及作业方式，进行包装、配装、装卸以及运送的运输组织方式。

危险货物具有特殊的物理与化学性能且品类繁多，理化性质差异很

油罐车

大，在运输中如防护不当，极易发生事故，并且事故所造成的后果较一般交通事故严重。因此，危险货物运输过程不仅需要满足一般货物的运输条件，还要根据货物的物理和化学性质，满足特殊的运输条件。

危险货物运输要求货物符合相应的包装条件，载运工具的安全状况和安全性能合格，而且在承运人资格、托运手续、运输路线、应急预案等方面均要求建立并执行严格制度。除通用型技术标准之外，不同的运输方式（铁路、公路、水运、航空）均有各自的危险货物运输规则。

能源运输

能源运输是指煤炭、石油、天然气等能源在流通领域内的运输过程。

能源运输具有运量大、运距长和占用运输资源多等特点，其主要运输方式有铁路、水路、公路、管道四种。

中国各种能源资源分布比较集中，如煤炭资源的 60% 以上集中在华北，石油资源主要分布在东北、西北，而工业布局较多地集聚于华东、华南沿海和华中诸省，因此形成了北煤南运、西煤东运和北油南运的格局。中国铁路运输能力的约五分之二，水路运输能力的约二分之一，公路运输能力的约四分之一，管道运输的几乎全部能力，都用于能源运输。能源运输网络已经成为国家综合运输网络中最重要的部分。

铁路货运具有长距离、大运量的优势，是煤炭运输的主要方式，公路则主要承担煤炭的中短途运输，发挥接驳转运的功能。20世纪60年代，中国充分利用水路自然通道运输能力大、耗能小、成本低的特点，开发了西北、华北生产的煤炭经铁路运送至沿海或长江港口，通过船舶运往华东及华南地区，即煤炭铁水（海）联运形式。

煤炭运输列车

管道运输具有运量大、运费低、能耗少、安全性好等特点，成为石油和天然气运输的主要方式。1959年1月，建成了克拉玛依—独山子原油管道。之后，随着中国原油生产和需求逐步增加，陆续建设了连接油田、港口与炼油厂的国家原油输送管线网络，初步实现了绝大部分原油的管道输送。从20世纪90年代开始，陆续建设了包括东北（俄罗斯—

中国）、西北（中亚—中国）、西南（缅甸—中国）和沿海港口等能源进口管道，保证了中国进口油气需求。同时，成品油输送管道的建设逐步加快，初步实现了成品油的运输管道。

川气东送起点段的输气管道

电力是能源系统的重要组成部分。由于电力输送具有特殊性，通常不列入一般能源运输概念范畴之内，但在整体能源输送过程中，仍将电力输送与运送一次性能源的方案进行综合考虑。

能源是国民经济发展与社会进步的重要物质基础，与人民生活紧密相关，运输是实现能源生产和消费的必要条件，由此决定了能源运输在运输体系中占据十分重要地位。长距离、大运量的能源运输需求，相当程度上影响了综合运输网络的布局与结构。

冷藏运输

冷藏运输是对易腐、易变质货物运用冷藏、保温、通风等技术方法进行运输的生产过程。它是一个全链条温控移动过程，包括运输、换装、仓储、配送直至用户等环节都要使货物保持恒定温度。在货物装卸搬运、转换运输方式以及更换包装设备等环节中，需要保持冷藏状态的连续性，防止由于温度波动引起货物品质下降。

冷藏运输的货物主要有鲜活品，如蔬菜、水果、肉、禽、蛋、水产品和花卉等；加工食品，如速冻食品、奶制品、快餐原料等；以及各类需要冷藏的药品和疫苗、医疗器械等。根据所运输的货物对于温度的要求，冷藏运输可以划分为保鲜、冷鲜和冷冻三大类型。

冷藏运输系统由专用运输工具和设施组成。冷藏车辆和冷藏船设置有冷藏与保温设备。冷藏车厢要求有很好的气密性，满足气温调节的要求。早期的铁路冷藏运输主要使用保温车，采用预制冰块在车辆运行中进行降温。现在的铁路冷藏车厢和货运卡车一般采用自带的集成动力制冷机组，在车辆运行中控制车厢内的温度。冷藏船则装备有制冷系统，通过将货舱分隔成若干个独立封闭的装货舱室，使各类货物在船舶运行中按照要求保持不同的温度。另外，航空冷藏运输采用具有制冷机组的航空温控集装箱，运输附加值和运输时效较高、运输距离较长的货物。

冷藏运输车

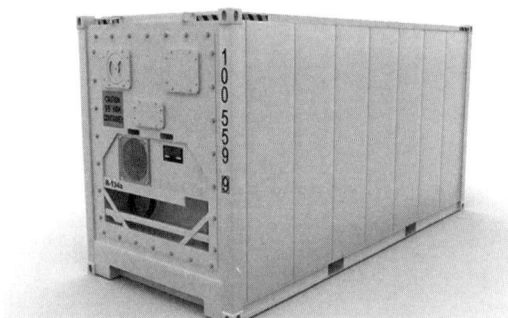

冷藏集装箱

20 世纪后期，随着集装箱运输的发展，冷藏运输中大量使用冷藏集装箱，尤其是在国际货物海运中的冷藏运输几乎完全由冷藏集装箱所替代，以冷藏船为主的运输模式迅速转变为冷藏集装箱运输模式。现代集装箱船设置带有电源插座的冷藏集装箱位，码头集装箱堆场设置适用于世界各国冷藏集装箱工作的供电系统。海运冷藏集装箱运达码头之后，由集装箱卡车经陆路运输交付收货人，货物在全程运输中均处于温度控制之中。

为了适应冷藏运输过程中严格温度控制要求，可运用信息技术手段（如 RFID 技术、GPS 技术、无线通信技术及温度传感技术等）对运输过程中的温度进行实时监控、预警和调节，以确保运输过程中货物温度的可追溯性，保障冷藏运输质量。

城市配送

城市配送指服务于城区以及城市近郊，对物品进行包装、分割、集配等作业，并送达收货人的物流活动。

城市配送具有多批次、小批量、高时效等特点，按照其配送货物的类型可分为生产性货物配送、商业配送和快递配送。生产性货物配送是指为生产性企业提供原材料、半成品的配送服务；商业配送是指为城市商务和生活服务的日用商品和食品等的配送；快递配送是指对城市居民生活和工作需求所产生的各类物品的配送，一般为小件物品，对时效性要求较高。

超市配送中心

城市配送运营模式包括自营配送、共同配送和第三方配送等类型。自营配送是指由某些大型企业和连锁经营企业创建自营配送中心，为本企业的生产经营提供配送的服务模式；共同配送是指由多家企业共同创建的配送网络，为联合体内的企业提供配送的服务模式；第三方配送是指由社会化、专业化企业根据需求提供专业化配送的服务模式。

城市配送活动主要分为分拣、存储、集配、送达等环节。分拣主要指城市配送中心对货物进行分类、拣选的环节；存储是指根据货物的配送需求在配送中心等待运输或进行短期存放的环节；集配是指货物在配送中心按照类别、重量、地址等集合进行装载车辆的环节；送达是指货物由配送中心送交客户的运输环节，属于对干线运输补充和完善的末端运输。

快递配送

城市配送中的一个特殊类型是同城配送。与全国联网的物流企业的业务侧重点不同，提供同一城市内部 A 到 B 之间（尤其是市区范围内）的物流配送，强调速度快和效率最大化。其业务范围往往拓展到搬运、安装、代收货款、采购物流等多方面。

城市配送系统由配送中心、配送运载工具、末端服务网点等硬件设施设备，以及运行管理信息系统所构成。城市配送企业提供一定线路（区域）配送服务，监控配送车辆和跟踪货物，配送货物情况查询，以预定的时间、数量、特定配送方式送达指定网点（客户）。政府主管部门根据城市管理要求，规划、审批配送设施，制定配送车辆标准、重点路线（区域）通行时间、相关准入政策，监管城市配送车辆运行、配送企业服务水平等。

旅客联程运输

旅客联程运输是通过对旅客不同运输方式的行程进行统筹规划和一体化运输组织，从而实现旅客便捷高效出行的运输组织模式。

旅客联程运输综合考虑旅客出行中的各类需求，按照无缝衔接的要求对不同运输方式的运输组织、服务模式、基础设施等进行统筹优化，为旅客提供高品质出行服务的一体化运输方案。

旅客联程运输的特征包括：一站式购票，旅客可通过一个购票平台实现跨运输方式购票；一票式出行，出行全过程中，旅客只需提供一种出行凭证，便可实现多运输方式安检通关和享受出行服务，使得旅客出行一票到底；行李直挂，旅客在进行不同运输方式换乘时无须重复办理行李提取和托运手续，直接在目的地提取行李的联运服务。典型的旅客联运服务模式主要有空铁联运、空巴联运、空海联运、公铁联运、第三

京津空铁联运天津机场城市候机楼

方旅客联运等。

随着中国高速铁路、民航的快速发展及人民生活水平的不断提升，人民群众对于出行速度、服务品质的要求越来越高，旅客联运市场需求日趋旺盛。旅客联程运输可有效提高出行服务的品质和效率，改善旅客出行体验。

货物多式联运

货物多式联运指货物由两种及以上运输方式完成运输的组织形式。

货物多式联运要求由一个多式联运经营人，采用一张多式联运提单，对两种及以上的运输方式进行全程运输组织，并承担全程运输责任。

货物多式联运起源于 20 世纪 20 年代的美国，以铁路运输（半）挂车的形式为主导，又称驮背运输（trailer on flatcar；TOFC）。20 世纪 50 年代，随着集装箱技术的成熟和国际贸易的迅速发展，使用集装箱进行货物多式联运开始迅速发展，并推广到海上运输。至 20 世纪 60 年代，集装箱多式联运在货物运输中大规模应用。美国在国内运输中，铁路集装箱运输逐渐替代了驮背运输；在国际运输中，集装箱陆海联运成为多式联运的主要形式。1973 年，国际标准化组织（ISO）制定了国际集装箱标准。随着与国际集装箱配套的基础设施、运输装备以及软件服务体系的不断健全，集装箱运输成为全球国际贸易的主要运输方式，并对多式联运的发展产生了革命性的影响。20 世纪 80 年代，美国铁路双层集装箱列车的普遍使用进一步促进了集装箱多式联运发展。90 年代, 美国铁路集装箱多式联运占全国铁路多式联运的比重达 88%。与此同时, 由于政府放松对运输业的管制, 涌现出一大批多式联运经营人和代理人, 多式联运服务质量不断提升, 使"门到门"货物多式联运服务得以快速普及和发展。随着集装箱多式联运技术的不断进步和标准化制度的日趋完善, 各国发展了适合其地理特征、经济产业特点和基础设施等条件且形式多样的多式联运体系。 集装箱运输已经成为货物多式联运的最主要形式。

根据不同运输方式的组合, 代表性的多式联运形式主要有公铁联运、公水(海)联运、铁水(海)联运、江海联运和空陆联运等。多式联运具有一次托运、一次计费、一张单证、一次保险、一票到底、全程负责等特征。通过将不同的运输方式有机地组合在一起, 发挥多种运输方式的比较优势, 使运输货物采用标准化的运载单元在不同运输方式之间实

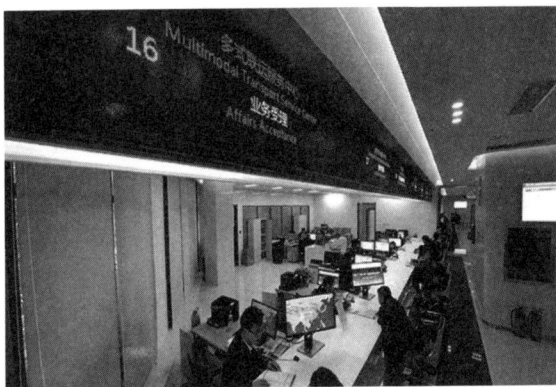

河南自由贸易试验区郑州片区多式联运
服务中心

现快速转运，大大提高运输作业效率，减少货损货差，降低运输成本，促进节能减排，满足经济社会发展对于高效、经济、快速、绿色的货物运输要求。

随着中国交通运输发展的重点从完善基础设施网络向提升综合运输服务能力转变，加强各种运输方式在基础设施、业务流程、运营管理、标准规范、市场监管等方面的衔接协同，加快发展多式联运成为提升综合运输服务能力和效率的重要途径。

一单制

一单制是使用一张运输单证、利用不同运输方式完成货物全程运输的组织形式。表现为运输经营人与托运人签订一个运输合同，实行运输全程一次托运、一单到底、一次收费，由运输经营人承担全程运输责任。

一单制由统一的多式联运单证体系、统一的多式联运规则体系和统一的多式联运凭证属性等要件组成，实施一单制运输。通过推行一单制，可以有效促进货物的联程联运，较大程度上方便货主。同时，有利于厘清货物跨方式运输中权责，有助于优化运输市场主体结构，避免货物在跨方式运输中的信息失真，培育多式联运经营人市场。依托一单制赋予物权凭证属性，能推动多式联运的物流金融发展。一单制要求各种运输方式共同建立统一的多式联运规则，实现不同运输方式间的快速转运和高效协同，提高"门到门"全程运输效率，推动多式联运发展。

滚装运输

滚装运输是由滚装船舶载运汽车（含汽车挂车）或者铁路列车进行水上运输的一种形式。该运输形式无需起重等装卸设备，使用自有车轮通过跳板等以水平方式驶进和驶出船舶，由船舶完成水上航段运输，实现水陆联运。

商用滚装船最早运行于波罗的海沿岸。1962 年，芬兰至瑞典之间开辟国际定期车、客滚装船航线，随后快速扩大到北海和地中海。当前，欧洲和北美地区的半挂车滚装运输发展已进入成熟阶段，莱茵河和密西西比河等周边港口都建立了完善的内河滚装运输码头体系，欧美和日本、韩国等国家的汽车厂商依靠大型滚装船运输公司提供商品车远洋滚装运输服务。中国的（半）挂车滚装运输主要在渤海湾、长江中上游以及琼州海峡发展，

深圳市大铲湾码头，用滚装船运输汽车

是华东与东北、长江中上游以及岛屿与大陆地区运输通道的重要补充。

滚装运输可以分为汽车滚装运输和铁路滚装运输。汽车滚装运输又可以分为卡车滚装运输、半挂车滚装运输和商品车滚装运输。内河滚装运输结合（半）挂车甩挂运输具有明显优势，成为公水联运的重要形式。

三峡翻坝物流产业园汽车滚装运输

商品车的滚装运输则是近海和远洋商品车联运的主要形式。相对于使用起重器械吊上吊下的吊装转运方式，滚装运输可以发挥机动性强、装备购置省、场地占用少、转运成本低等优势，适用于货运车辆在内海、海湾、海峡和沿海岛屿间的中短途运输以及商品车的远洋、沿江等长途运输等领域。

驮背运输

驮背运输是以装载货物的道路运输车辆作为运载单元，快速上下铁路平车，利用铁路完成长距离运输的联运形式。

驮背运输可以发挥铁路运输运量大、成本低、节能环保以及道路运输车辆快速灵活、"门到门"的综合优势，具有快速转运、安全便捷、绿色低碳等特点，可以满足多样化的市场需求。根据装载车辆的不同，可以分为（半）挂车驮背运输和货运卡车驮背运输。

驮背运输兴起于 20 世纪 20 年代的美国。美国芝加哥北岸及密尔沃基铁路公司（Chicago North Shore and Milwaukee Railroad）首次将汽车拖车放在铁路平板车上进行运输。1935 年，芝加哥大西部铁路公司（Chicago Great Western Railroad）开始在芝加哥和迪比克之间经营驮背运输服务。1953 年，美国州际商务委员会（Interstate Commerce Commission）首次肯定了驮背运输的合法地位。此后，受到美国州际公路运输能力限制以及运输管制的逐渐放松，汽车运输公司与铁路公司开展长距离驮背运输的业务合作逐步扩大，驮背运输占美国铁路多式联运的比重一度超过 60%。但是，随着集装箱技术以及配套的大型装载机具不断成熟，驼背运输逐渐被集装箱运输所取代。20 世纪 80 年代开始，美国铁路双层集装箱列车运输的快速发展使得运输效率大幅提升，驼背运输占比逐步下降。1992 年，美国铁路集装箱运量首次超过驮背运输运量。现美国半挂车驮背运输主要服务于快递运输。欧洲主要关注的是驮背运输在解决交通、碳排放、安全等可持续发展方面问题的优势。因此，近年来大力扶持驮背运输发展，驮背运输量保持稳定增长，且增速超过集装箱运输量。2010 年以来，中国针对驮背运输开展了一系列的调研、分析和论证工作，现已完成铁路专用车型研制、线路及站场选择等各项准备工作，正在推进驮背运输发展，以优化中国的货物运输结构。

货物多式联运工具

◆ 集装箱

集装箱是具有一定容积和坚固耐久性，可在货物运输过程中反复使用的装货容器。

发展概况

1801 年，英国 J. 安德森（James Anderson）博士提出了集装箱运输的设想。1853 年，美国铁路开始使用集装箱。1886 年，德国开始使用，法国和日本也先后于 1928 年和 1930 年使用集装箱。1931 年，在法国巴黎成立了国际集装箱运输局（BIC）。现代集装箱的使用始于第二次世界大战中美国的军事运输，并在战后逐步实现技术和装备的民用化。20 世纪 50 年代开始，全球主要国家开始推动集装箱运输的标准化。1961 年，国际标准化组织集装箱技术委员会（ISO/TC104）成立，着手研究国际集装箱标准。1964 年，ISO/TC104 制定了集装箱外形和总重的第一个国际标准，对集装箱的型号、外部尺寸统一进行规定，并统一了装卸工艺。国际标准集装箱以 20 英尺普通箱、40 英尺普通箱、40 英尺高箱、45 英尺高箱等规格为主，并且以 20 英尺集装箱作为一个标准计量单位，称为标准箱（twenty-foot equivalent units; TEU），如 40 英尺集装箱按 2 个标准箱计算。2020 年，全球集装箱船舶运力达到 2.8 亿吨，全球集装箱港口吞吐量达到 8.2 亿标准箱。

20 世纪 80 年代以来，中国集装箱制造产业快速发展。1993 年，中国集装箱产量跃居世界第一。中国的集装箱标准逐步与世界接轨，先后制定了《系列 1 集装箱分类、尺寸和额定质量》（GB/T 1413—1998）、《集装箱术语》（GB/T 1992—2006）、《集装箱运输术语》

集装箱港口堆放的大集装箱

（GB/T 17271—1998）等标准，规定了集装箱的分类、外部与内部尺寸以及额定总质量。

特点和类型

集装箱应满足以下特点：具有足够的强度和刚度，可长期反复使用；适于一种或者多种运输方式载运，在途中转运时，箱内货物不需要换装；具备便于快速装卸和搬运的装置，特别是从一种运输方式转移到另一种运输方式；便于货物的装满和卸空；具有 1 立方米及其以上的容积；按照确保安全的要求进行设计，可防御无关人员轻易进入。

集装箱种类较多，按照标准化程度、货物类型和功能等划分为不同的类型。按照标准化的适用范围，集装箱可分为 ISO 国际标准集装箱、国内标准集装箱和非标准集装箱。按照货物类型，可以分为普通货物集装箱和特种货物集装箱。按功能，集装箱主要分为干式、冷藏、罐式、框架式集装箱和其他特种集装箱等，其中干式集装箱又称通用集装箱，最为常用，适用于装载各种干杂货物。

作用和影响

集装箱易于从一种运输方式转移到另一种运输方式，并且箱内货物在运输方式转换过程中不需要换装，便于"门到门"运输。集装箱的产生及其标准化体系的建立，使货物运输中的装卸作业实现了大规模机械化作业，大幅提高了运输效率，减少了货损货差，降低了运输成本，提高了货物运输的安全性，适应了工业经济时代对专业化、机械化和自动化物流运输要求，支撑了全球经济一体化发展。

◆ 厢式半挂车

一种车轴置于车辆重心后面，与牵引车共同承载车厢和货物重量，装有联结装置并由牵引车牵引的无动力的封闭式道路车辆。

厢式半挂车

厢式半挂车既是公路长途货物运输的主要车辆，也是一种多式联运的标准运载单元。

按照开口方式，厢式半挂车可以分为后开门式厢式半挂车、侧帘式厢式半挂车、敞顶式厢式半挂车。美国的厢式半挂车主要以28英尺

（8.5344 米）、53 英尺（16.1544 米）等为主，欧洲的厢式半挂车则以 45 英尺（13.716 米）为主。中国的厢式半挂车按车轴数量可分为一轴、二轴和三轴半挂车，普及率相对较低。

厢式半挂车具有封闭装载空间、载货体积大、防雨防尘、遗撒风险低、安全性高、能耗水平低等特点，适宜运输轻泡、件杂货物。还可以作为载货单元整体吊装到铁路平车进行长距离运输，在到达铁路场站后连接牵引车送至目的地，有利于实现快速转运、降低场地投资、提高综合运输效率。同时，厢式半挂车也可用作仓储工具，与生产和消费的联系更加紧密。

◆ 滚装船

滚装船是采用汽车或（半）挂车等通过跳板自行驶入或驶出方式进行装卸的专用运输船舶，又称"开上开下"船、"滚上滚下"船。

主要用于运输商品汽车、载货汽车及（半）挂车等具有自有动力或辅助动力、可以自行驶入或驶出的运输工具。

滚装船

滚装船的概念起源于军用坦克或者车辆登陆艇。世界上第一艘滚装船是 1958 年美国制造的"彗星"号,船的两舷以及船尾均有开口,供车辆上下船。现滚装船一般建造为多层甲板,甲板间舱为纵向贯通,各层甲板之间用斜坡道或者升降平台连通。有的滚装船甲板可以移动,以便于停放特殊车辆。滚装船的开口一般设在尾部,适用于装运各种车辆、集装箱或者大件货物。滚装船可以分为客货两用滚装船、货运滚装船,其中货运滚装船又可分为商品汽车滚装船、货车滚装船、铁路轮渡船等。滚装船可以有效发挥水运优势,是一种大运量、低成本、低污染的多式联运载运工具。

◆ 托盘

托盘是用来集结、码放、堆存货物以形成集装单元的平板。

作为物流作业过程中重要的集装化装卸、储存和运输设备,托盘便于货物储存、装卸和搬运,以及在车厢或集装箱内合理放置,而且可以重复使用,因而广泛应用于生产和运输、仓储等流通领域。

托盘一般为标准尺寸规格。国际标准化组织(ISO)制定的托盘标准主要包括六种规格:1200 毫米 ×1000 毫米、1200 毫米 ×800 毫米、1219 毫米 ×1016 毫米、1140 毫米 ×1140 毫米、1100 毫米 ×1100 毫米、1067 毫米 ×1067 毫米。欧洲主要使用 1200 毫米 ×1000 毫米和 1200 毫米 ×800 毫米两种规格托盘,其规格标准与半挂车车内尺寸相匹配,最大可放置 34 个标准托盘。美国主要采用 1219 毫米 ×1016 毫米规格托盘,53 英尺内陆集装箱最大可放置 30 个托盘。日韩主要采用 1100 毫米 ×1100 毫米、1140 毫米 ×1140 毫米两种规格托盘。中国主要采

传统托盘

用 1200 毫米 ×1000 毫米和 1200 毫米 ×800 毫米两种规格托盘。

托盘由平面板材和供叉车插入的叉槽构成,有单面托盘和双面托盘,以及双向进叉托盘和四向进叉托盘等。按照上部结构类型,可以分为立柱式托盘、箱式托盘、笼式托盘等;按照制作材料,托盘可以分为木托盘、塑料托盘、铁托盘等。托盘具有装载量大、装卸容易、可重复利用、促进装卸机械化、方便货物跨运输方式间装卸和搬运等特点。通过匹配托盘与运输工具的外廓尺寸参数,可以最大程度地利用货车车厢、集装箱、铁路棚车等装载单元的空间。同时通过物品包装的单元化、规范化和标准化,可以减少货损货差和装卸次数,提高仓库利用率和运输效率,降低运输成本。

货物多式联运主体

◆ 多式联运经营人

多式联运经营人是与托运人签订多式联运合同,对货物运输进行全程组织并承担全程责任的运输企业。

货物多式联运的组织者和主要责任人，负有履行多式联运合同的完全责任，负责组织、安排和协调各承运人共同完成货物运输。

在多式联运实际运作中，托运人只需将货物委托一家多式联运经营人，便可实现两种及以上运输方式的全程货物运输。多式联运经营人在接受托运人的货物委托并签发多式联运单据、一次性办理保险和收取全程运费后，以多式联运全程运输组织者的身份分别与各种运输方式的实际承运人签订运输合同，由各段运输方式承运人完成实际运输作业并承担各段运输责任。多式联运经营人承担全程运输责任，如在运输过程中出现任何纠纷，多式联运经营人需要先行对托运人进行赔付，然后再根据各段运输合同追究相关承运人的运输责任并进行索赔。国际多式联运活动中，多式联运经营人可签发具备物权属性的国际多式联运提单。

◆ **实际承运人**

实际承运人是拥有运输工具并实际进行运输作业（包括承担多式联运全程或者分段运输作业）的运输企业。

在一般情况下，实际承运人主要存在于货物联运，即指实际承担运输作业，包括多式联运全程或者分段运输作业。在分工高度专业化的货物运输市场，多式联运经营人和承运人有着本质的区别：多式联运经营人是指与托运人签订多式联运合同并对运输过程承担全部责任的合同主体；承运人是指实际从事货物全程运输或者部分运输的合同主体。承运人又可以分为实际承运人和缔约承运人。缔约承运人是指以明示或者默示方式承担运输责任的承运人，如无船承运人、网络货运经营人。

2018 年 3 月 29 日，一架图 -204 货机从杭州萧山国际机场起飞，标志着中国商品的菜鸟首条洲际定期航线正式首航。该航线的货运包机满载着中国商品，经新西伯利亚、拉脱维亚首都里加，最终到达莫斯科，首期每周定期 1 ~ 3 个航班，为中小企业参与全球贸易打开了新通路

◆ 网络货运经营人

网络货运经营人是指不拥有运输工具，以承运人身份与托运人签订运输服务合同、承担全程运输责任和义务，委托实际承运人完成运输服务的企业。又称无车承运人。

网络货运经营人依托网络货运平台，具有货源组织能力与货运车辆整合能力，具备物流信息服务能力以及货损后的赔付能力，能够承担全程运输风险。

随着移动互联技术的发展，越来越多的网络货运经营人依托专业化的网络货运平台开展货物运输经营活动。网络货运经营人依托互联网平台整合配置运输资源，以承运人身份与托运人签订运输合同，委托实际承运人完成道路货物运输，并承担承运人责任和义务。网络货运经营是移动互联网技术与货运业深度融合形成的新兴货运组织模式，通过创新管理和组织模式，集约整合和科学调度车辆、站场、货源等要素，有利于提升运输组织效率，优化货运市场格局，规范市场主体经营行为。2020年1月1日起，中华人民共和国交通运输部、国家税务总局制定的《网络平台道路货物运输经营管理暂行办法》正式生效，网络货运被纳入法定管理范畴，成为带动物流行业转型升级的重要力量。

◆ 无船承运人

无船承运人是指不拥有运输船舶，而以承运人的身份受理货物运输委托，并将货物交付船舶经营人完成运输业务的运输企业。

无船承运人发布自己的运价，接受托运人的委托，收取全程运费并承担全程运输责任。通过与船舶经营人签订运输合同，完成国际海上货物运输业务。无船承运人可签发提单或其他运输单证。1936年，美国首次提出无船承运人的概念。2012年，中国法律承认无船承运业务的合法地位。

无船承运人由货运代理人逐步发展演变而来，是货运代理业务的延伸和高级阶段。与货运代理人相比，无船承运人能够签发提单，因而业务范围更广，同时承担的风险和责任也更大。无船承运人能满足客户尤其是中小货主的多样化运输要求，凭借其丰富的经验、广泛的业务关系和发达的服务网络提供增值服务，推动"门到门"多式联运发展。

◆ **货运代理人**

货运代理人是指按照委托人的要求办理货物运输业务的经营人。

货运代理人承担委托代理合同规定的责任和风险，收取委托代理费用即佣金。按照委托方的类型，货运代理人可以分为货主代理人、货运经纪人以及运输工具代理人，其中运输工具代理人又可以分为车辆代理人、船舶代理人、航空货运代理人等。

货运代理人与网络货运经营人、无船承运人有相同之处，即都不实际拥有运输工具。货运代理人与网络货运经营人、无船承运人的区别在于：货运代理人与托运人签订的是委托代理合同，只代表委托人行使代理人权力，既不是托运人也不是承运人；网络货运经营人、无船承运人与托运人签订的是运输合同，承担全程运输责任，收取全程运费。货运代理人可以有效降低托运人和承运人之间的信息不对称程度，降低交易成本，实现专业化和高效率的经营组织。

国际联运

国际联运是指运输经营人以一张联运单据，通过两种或两种以上的运输方式，完成货物在国家间运输的组织形式。

随着国际贸易和海运的发展，国际联运迅速兴起和发展壮大，现已经成为国际贸易运输的主要形式。国际联运的主要特点是跨越国境，涉及进出口报关、检验检疫等流程，因而运作流程和组织方式更加复杂和专业化。通过国际联运，可以为货主提供专业化的"门到门"全程国际

2020 年 5 月 20 日 10 时，X9202 次中欧班列（天津—乌兰巴托）在北京铁路局京铁物流中心所属中铁天津集装箱中心站发车，编组 54 辆全部是国际联运的集装箱，满载汽车、配件、食品、服装等货物发往蒙古国。该中心站是华北地区唯一到发线兼货物线的集装箱作业场站，装车完毕后可直接上线运行，本次班列开行采取船边直提方式，集装箱运输周期压缩近 2 天时间

运输服务，提高国际运输效率和便利化水平，促进国际贸易的发展。

国际集装箱联运是国际联运的最基本形式。随着"一带一路"倡议的实施，中欧班列作为国际联运的一种新兴模式，为国际货物运输提供了新的选择。

大陆桥运输

大陆桥运输是指利用横贯大陆的铁路作为桥梁，连接大陆两端海港的货物海陆联运方式。作为国际联运的一种重要形式，大陆桥运输以海洋 - 陆地 - 海洋运输替代全程海运，大幅度缩短运输距离和运输时间。

大陆桥运输以陆桥运输通道为依托。世界上典型的陆桥运输通道包括第一亚欧大陆桥、第二亚欧大陆桥、北美大陆桥。

第一亚欧大陆桥，即西伯利亚大陆桥（Siberian Land Bridge），于1904年开通，是第一条贯通亚欧北部，连接亚洲、欧洲的大陆桥。起点为俄罗斯东部的符拉迪沃斯托克（海参崴），通过西伯利亚铁路连通莫斯科，进而通往欧洲北部，最后到达荷兰鹿特丹港，穿越俄罗斯、白俄罗斯、波兰、德国、荷兰等多个国家，全长约13000千米。

江苏连云港港集装箱码头上的新亚欧大陆桥东端起点标志

第二亚欧大陆桥，又称新亚欧大陆桥（New Eurasian Land Bridge）。于20世纪90年代初开通。东起中国江苏省连云港市，通过陇海铁路、兰新铁路向西穿越江苏、山东、河南、陕西、甘肃、新疆等省区，由新疆阿拉山口出境，与哈萨克斯坦铁路接轨；经过哈萨克斯坦、俄罗斯、白俄罗斯、波兰、德国，最后到达荷兰鹿特丹港，全长约10900千米，辐射30多个国家和地区，是横跨亚欧两大洲、连接太平洋和大西洋最便捷的国际运输大通道。

北美大陆桥，包括美国大陆桥和加拿大大陆桥。其中，美国大陆桥包括两条运输通道：一条是从美国西部太平洋沿岸至东部大西洋沿岸，另一条是从美国西南部太平洋沿岸至东南部墨西哥湾沿岸。

除大陆桥运输外，还有小陆桥运输和微型陆桥运输。小陆桥运输指采用海-陆运输形式将海运货物经陆桥运输线运至大陆的另一侧沿海地区，陆-海形式反之。微型陆桥运输则将海运货物经部分陆桥运往内陆地区，或反之，故又称半陆桥运输。小陆桥运输和微型陆桥运输实质上是陆海联运。

中欧班列

中欧班列是运行于中国与欧洲以及"一带一路"沿线国家间的国际直达集装箱铁路列车，全称中国与欧洲集装箱国际铁路联运班列。

中欧班列以中国重要交通枢纽城市和欧洲主要国家的交通枢纽城市为起讫点，按照固定车次、线路、班期和全程运行时刻开行。自2011年首次开行以来，中欧班列依托西伯利亚大陆桥和新亚欧大陆桥，形成了西、中、东3条运输通道，相继开通了渝新欧、蓉新欧、郑新欧、汉新欧等线路。①西通道。一是由新疆阿拉山口（霍尔果斯）口岸出境，经哈萨克斯坦与俄罗斯西伯利亚铁路相连，途经白俄罗斯、波兰、德国等，通达欧洲各国。二是由霍尔果斯（阿拉山口）口岸出境，经哈萨克斯坦、土库曼斯坦、伊朗、土耳其等国，通达欧洲各国；或经哈萨克斯坦跨里海，进入阿塞拜疆、格鲁吉亚、保加利亚等国，通达欧洲各国。三是由吐尔

一列中欧班列通过位于二连浩特的国门

尕特（伊尔克什坦），与规划中的中吉乌铁路等连接，通向吉尔吉斯斯坦、乌兹别克斯坦、土库曼斯坦、伊朗、土耳其等国，通达欧洲各国。②中通道。由内蒙古二连浩特口岸出境，途经蒙古国与俄罗斯西伯利亚铁路相连，通达欧洲各国。③东通道。由内蒙古满洲里口岸出境，接入俄罗斯西伯利亚铁路，通达欧洲各国。2021年，中欧班列全年累计开行约1.5万列、发送146万标准集装箱，已通达欧洲23个国家的174个城市。

与国际海运相比，中欧班列缩短运输距离，节约运输时间；与国际空运相比，中欧班列节约运输费用，因而具有综合竞争优势，为中欧贸易提供了物流通道新的选择。中欧班列是"一带一路"倡议的重要组成部分，对于推进中国东西双向对内、对外全面开放战略具有重要意义。

运输管理

运输管理是指运用计划、组织、领导、协调、控制等技术，协调运输系统的各个环节和要素，实现旅客和货物运输的措施。

运输管理包括运输作业管理和运输行业管理。

运输作业管理是运输管理的本源，以运输企业为主体，实施客货运输生产的计划和组织管理，对资金、物流、劳动、财务等进行配置，针对运输品类、运输距离、运输环节、运输工具、运输时间，通过模式创新和技术创新，在满足运输需求的前提下降低运输成本。

运输行业管理是以政府、行业协会为主体，对运输行业进行指导、服务和监督，制定法律法规、战略和规划、政策制度、标准规范、国际公约等。在中国，交通运输业制定有专项法律法规，主要包括《中华人民共和国铁路法》《中华人民共和国公路法》《中华人民共和国港口法》《中华人民共和国航道法》《中华人民共和国民用航空法》《中华人民共和国邮政法》等；制定有中长期发展战略，形成"中长期规划＋五年规划＋年度计划"规划体系；制定了项目审批、市场监管、安全监管等政府监管规则，以及投融资等交通运输发展政策。

交通运输标准

交通运输标准是对交通运输业的重复性活动和概念所制定且须遵守的统一规定或准则。分为铁路、公路、水运、民航和邮政等每种运输方式相关领域的单一运输方式标准，以及两种及以上运输方式相关领域甚至交通运输业共同遵守或使用的综合交通运输标准。

交通运输标准包括基础设施、交通装备、运输服务、智慧交通、安全应急保障和绿色交通等重点领域标准。基础设施标准是指基础设施规划、设计、建设、运营和养护标准。交通装备标准包括多式联运装备、载运工具、交通特种装备、新型装备等标准。运输服务标准包括基础条件、作业程序、装备技术和服务质量等标准，涵盖旅客出行、现代物流、新业态新模式等。智慧交通标准包括智慧交通技术、数据资源融合、北斗导航系统应用等标准。安全应急保障标准包括设施设备本质安全、安全生产治理、应急救援和应急运输等标准。绿色交通标准包括绿色交通发展有关技术、设备、材料、工艺等标准。

综合交通运输标准是各种运输方式协调发展、高效衔接和提供"门到门"一体化客货运输服务共同遵循的准则。它源于多式联运，之后逐渐扩展到综合运输枢纽和综合运输通道等基础设施规划建设、安全应急、信息化、节能环保等领域。综合交通运输标准包括基础、运输服务、运输装备与产品、工程设施、安全应急、信息化、节能环保、统计评价 8 类。

综合交通网

综合交通网指由铁路、公路、水路、航空、管道等线路和枢纽相互衔接、共同组成的基础设施网络，是车辆、船舶、航空器等运行的基础。

综合交通网是由各种运输方式的线路和枢纽节点构成的一体化系统。线路包含铁路、公路、内河航道、管道等线性设施以及空域航线，是承担各区域、各节点之间客货流连通的基础。按功能可以划分为干线、联络线（集散线）、支线等多个层次。节点包含港口、机场、火车站、汽车站等客货站场，还包括集多种运输方式于一体的综合性枢纽站场，是各种运输方式之间以及单一运输方式内部客货流转换的场所。

由铁路、公路、水路、航空、管道等运输方式相互衔接、共同组成的基础设施网络，是车辆、船舶、航空器等运行的基本条件。2007 年，中国国务院批复的《综合交通网中长期发展规划》，涵盖铁路、公路、水路、航空、管道五种运输方式的基础设施，提出了全国综合交通网总体规模与构成以及"五纵五横"国家级综合运输大通道、42 个全国性综合交通枢纽的布局方案，对中国综合交通网的发展完善起到了重要的指导性作用。2021 年，中共中央、国务院印发《国家综合立体交通网规划纲要》，提出构建便捷顺畅、经济高效、绿色集约、智能先进、安全可靠的现代化高质量国家综合立体交通网的总目标以及到 2035 年和本世纪中叶的分阶段目标，进一步描绘了中国国家综合交通网未来发展的宏伟蓝图：到 2035 年，国家综合立体交通网实体线网总规模达到 70 万千米左右（其中铁路 20 万千米左右，公路 46 万千米左右，高等级航道 2.5 万千米左右），沿海主要港口 27 个，内河主要港口 36 个，民用运输机场 400 个左右，邮政快递枢纽 80 个左右；构建由 6 条主轴、7 条走廊、8 条通道组成的国家综合立体交通网主骨架；建设综合交通枢纽集群（包括京津冀、长三角、粤港澳大湾区、成渝地区双城经济圈 4

个国际性综合交通枢纽集群）、枢纽城市（包括 20 个左右国际性综合交通枢纽城市以及 80 个左右全国性综合交通枢纽城市）及枢纽港站"三位一体"的国家综合交通枢纽系统；完善包括 7 条陆路国际运输通道、4 条海上国际运输通道和国际空中客货运输网、国际干线邮路网在内的面向全球的运输网络。

中国已基本形成有效连通世界各地、快捷衔接大中城市、广泛覆盖乡村节点的综合交通网。截至 2020 年底，中国铁路营业总里程达到 14.6 万千米（不含香港、澳门和台湾地区，下同），其中高速铁路营业里程 3.8 万千米，超过世界高铁总里程的 2/3，对百万人口以上城市覆盖率超过 95%。公路总里程达到 519.8 万千米，其中高速公路里程达到 16.1 万千米，居世界第一位，对 20 万人口以上城市覆盖率超过 98%，全面实现了具备条件的乡镇和建制村通硬化路、通客车。港口生产用码头泊位数量达到 2.2 万个，其中万吨级及以上泊位 2592 个，居世界第一位；内河航道通航里程达到 12.8 万千米，其中高等级航道 1.6 万千米，居世界第一位。民航运输机场数量达到 241 个，定期航班航线 5581 条。油气管道里程达到 13.4 万千米。

运输通道

运输通道指承担一定区域内高强度客货流的交通资源密集带。

运输通道由两种或两种以上运输方式的主要交通干线构成，可提供大能力、多样化、可选择的客货运输服务，客货运输密度显著高于综合

2020 年 7 月 1 日，中国自主设计建造、世界上首座
主跨为千米级的沪苏通长江公铁大桥建成，与沪苏通
铁路同步开通运营，大幅提高了铁路过江运输能力，
缩短了上海与南通及苏北地区的时空距离，有力助推
长江三角洲区域一体化发展

交通网的平均水平，是综合交通网的主骨架，对于提高综合交通网络整体效率具有重要影响。

2007 年，中华人民共和国国务院批复的《综合交通网中长期发展规划》第一次系统谋划了中国国家级综合运输通道的总体布局，提出了"五纵五横"10 条综合运输大通道和 4 条国际区域运输通道的布局方案。其中，"五纵"包括南北沿海运输大通道、京沪运输大通道、满洲里至港澳台运输大通道、包头至广州运输大通道、临河至防城港运输大通道，"五横"包括西北北部出海运输大通道、青岛至拉萨运输大通道、陆桥运输大通道、沿江运输大通道、上海至瑞丽运输大通道，国际区域运输通道包括东北亚国际运输通道（含中蒙通道）、中亚国际运输通道、南亚国际运输通道、东南亚国际运输通道。

2017 年，中华人民共和国国务院印发的《"十三五"现代综合交通运输体系发展规划》进一步拓展了国家级综合运输大通道的布局，提出了"十纵十横"的布局方案。其中，纵向综合运输通道包括沿海运输通道、北京至上海运输通道、北京至港澳台运输通道、黑河至港澳运输通道、二连浩特至湛江运输通道、包头至防城港运输通道、临河至磨憨运输通道、北京至昆明运输通道、额济纳至广州运输通道和烟台至重庆运输通道，横向综合运输通道包括绥芬河至满洲里运输通道、珲春至二连浩特运输通道、西北北部运输通道、青岛至拉萨运输通道、陆桥运输通道、沿江运输通道、上海至瑞丽运输通道、汕头至昆明运输通道、福州至银川运输通道和厦门至喀什运输通道。

2021 年，中共中央、国务院印发的《国家综合立体交通网规划纲要》在继承原有规划布局方案基础上，依据国家区域发展战略和国土空间开发保护格局，结合未来交通运输发展和空间分布特点，提出了由 6 条主轴、7 条走廊、8 条通道组成的国家综合立体交通网主骨架布局方案。该规划将全国重点区域按照交通运输需求量级划分为 3 类：京津冀、长三角、粤港澳大湾区和成渝地区双城经济圈 4 个地区作为极，长江中游、山东半岛、海峡西岸、中原地区、哈长、辽中南、北部湾和关中平原 8 个地区作为组群，呼包鄂榆、黔中、滇中、山西中部、天山北坡、兰西、宁夏沿黄、拉萨和喀什 9 个地区作为组团。按照极、组群、组团之间交通联系强度，构建 4 极之间综合性、多通道、立体化、大容量、快速化的 6 条交通主轴，打造 4 极辐射组群、组团的多方式、多通道、便捷化的 7 条交通走廊（具体为京哈、京藏、大陆桥、西部陆海、沪昆、成渝昆、广昆走廊），在组群与组团之间、组团与组团之间补充加强资源产业集聚地、重要口岸等连接覆盖的 8 条联系通道（具体为绥满、京延、沿边、福银、二湛、川藏、湘桂、厦蓉通道）。

沿江运输通道

沿江运输通道指由中国长江及沿长江布局的铁路、公路、水路、管道和航线等构成的综合性交通线路。该通道东起上海，经南京、芜湖、九江、武汉、岳阳至重庆，向西延伸经成都、拉萨、日喀则，至亚东和樟木口岸。

沿江运输通道是中国运输方式最齐全、运输能力最大的综合运输通道。主要交通干线包括长江航道、沪汉蓉（上海经武汉至成都）铁路客

从江苏省南京市栖霞山上俯瞰长江主航道

运专线、沪蓉（上海至成都）高速公路、沪渝（上海至重庆）高速公路、国道 318 线（G318 上海至聂拉木）、川气东送（四川至上海）天然气管道、

忠武（忠县至武汉）天然气管道，以及上海—重庆—拉萨航线等，未来还将规划建设沿江高铁、川藏铁路和川藏高速公路等。主要交通枢纽包括以上海国际航运中心、武汉长江中游航运中心、重庆长江上游航运中心为主的港口体系和以上海国际航空枢纽及南京、武汉、重庆、成都等区域航空枢纽为主的机场体系。

川气东送气源地四川达州普光天然气净化厂俯瞰

沿江运输通道贯通长三角、长江中游、成渝等重要城市群和经济区，是中国国土空间开发的重要东西轴线，是促进长江上中下游协调发展、推动海陆双向开放、构建长江经济带的重要支撑。

全欧交通网络全欧交通网络指在欧洲国家间（或国家内）建设的铁路、公路、水路、航空等互联互通的交通网络，又称泛欧交通运输网。

为推动欧洲交通一体化发展，欧盟制定了一系列政策、规划和行动计划，以推动最终形成一个以核心运输通道为主骨架、覆盖全欧洲互联互通的综合交通网络。1994 年召开的第二届泛欧运输会议确定了 10 条优先运输通道（Ten Priority Transport Corridors），以加强西欧和中东欧地区间的合作。1996年，欧盟启动全欧交通网络计划，重点支持11个单一运输方式的基础设施项目建设。2004年，欧盟进一步将优先项目确定为30项，项目范围也拓展至各种运输方式，并包括部分多式联运项目。

随着欧盟交通基础设施的不断完善，全欧交通网络计划的重心开始逐步向综合交通网络特别是核心运输通道转移。2013年5月，欧盟委员会、欧盟理事会与欧洲议会就建立全欧交通网络达成协议，目的是把欧洲相互分割的公路、铁路、内河、机场等交通基础设施连接起来，消除跨国连通瓶颈，至2030年建成欧洲统一的综合交通网络。2014年1月，欧盟规划了到2050年要新建、改建的铁路、公路、水路、航空等基础设施建设项目，着重打通9条贯穿全欧洲的核心运输通道——包括2条南北通道、3条东西通道以及4条对角线通道。核心运输通道将进一步提升欧洲的互联互通水平，大幅提高穿越欧洲的客货运输效率，形成欧洲一体化综合交通网的主骨架。

交通枢纽

交通枢纽是在交通网络节点上形成的客货流转换中心，作为交通运输生产组织基地和交通运输网络中客货集散、转运及过境的场所。

按照交通方式构成的不同，交通枢纽分为综合交通枢纽和单方式交通枢纽。其中，综合交通枢纽包括宏观和微观两个层面。宏观层面的综

银川国际航空港综合交通枢纽于 2018 年 8 月 31 日实现主体工程完工。作为中国西部地区第一条高铁引入机场建设的综合交通枢纽，银川国际航空港实现了空、地、铁的无缝立体接轨

合交通枢纽是指具有良好的交通地理区位条件，有广大的吸引和辐射范围，对区域内交通运输的顺畅衔接和高效运行具有重要影响的区域或城市，通常位于综合运输通道或交通干线的交会点，呈现为综合交通枢纽集群、综合交通枢纽城市。综合交通枢纽集群是依托区域或城市群综合交通网，通过综合交通枢纽城市功能融合互补以及综合交通枢纽港站运行协同联动，形成多中心、多层次、网络化的交通枢纽。2021 年 2 月中共中央、国务院印发的《国家综合立体交通网规划纲要》提出，建设面向世界的京津冀、长三角、粤港澳大湾区、成渝地区双城经济圈四大国际性综合交通枢纽集群。

综合交通枢纽城市的层次划分一般按照所处区位、功能、作用，衔接的交通线路数量，吸引和辐射的服务范围大小，以及承担的客货运量和增长潜力，分为全国性、区域性、地区性三个层次。2007 年，中华人民共和国国务院批复的《综合交通网中长期发展规划》布局了北京等42 个全国性综合交通枢纽（节点城市）。随着国家对外开放水平不断提升，部分全国性综合交通枢纽国际性服务功能凸显。2017 年 2 月，国务院印发的《"十三五"现代综合交通运输体系发展规划》将综合交通枢纽城市进一步细分为国际性、全国性、区域性、地区性四个层次，提出了重点打造北京—天津、上海、广州—深圳、成都—重庆等 12 个国际性综合交通枢纽，加快建设沈阳、南京、杭州、青岛等 63 个全国性综合交通枢纽。2021 年 2 月，中共中央、国务院印发的《国家综合立体交通网规划纲要》提出了加快建设 20 个左右国际性综合交通枢纽城市以及 80 个左右全国性综合交通枢纽城市。

微观层面的综合交通枢纽是衔接多种交通方式，进行运输组织、客货换乘换装作业、中转衔接、货物仓储等活动的港站，具备载运工具停靠、客货业务受理、换乘换装作业、信息与单证传递、运行调度指挥等功能。按照服务对象不同，综合交通枢纽港站分为综合客运枢纽站场与综合货运枢纽站场。

综合交通枢纽集群、城市功能的发挥依靠综合交通枢纽站场、枢纽集疏运系统、枢纽站场之间的联络线、对外公路与城市道路衔接、过境线路等相关基础设施，以及运输设备、信息系统等要素共同作用。

◆ 客运枢纽

客运枢纽是服务不同交通方式或同种交通方式不同线路之间旅客换

2021 年 8 月 12 日，青岛胶东国际机场正式启用，高铁、地铁下穿航站楼并设站，青岛胶东国际机场成为客运枢纽

乘的场站，具有较大客流规模，具备旅客中转、集散、信息交换等交通功能，并兼顾商务、休闲等城市功能。

按照服务功能及衔接方式的不同，客运枢纽划分为对外客运枢纽和城市交通枢纽两大类。

对外客运枢纽是对外运输方式（铁路、公路、水运、航空）在空间上的统一，以满足旅客便捷地换乘不同运输方式，也是对外运输方式与城市交通方式（城市轨道、城市公交、出租车、社会车辆、水上客运）相衔接的场站，主要承担省际、城际之间旅客运输，并具备与城市交通之间的换乘功能。按照交通方式构成的不同，对外客运枢纽细分为综合客运枢纽和单一运输方式客运枢纽。综合客运枢纽是两种及以上对外运输方式与城市交通衔接的客流转换场站，单一运输方式客运枢纽是一种对外运输方式与城市交通衔接的客流转换场站。随着各种运输方式进入融合交汇、统筹发展的新阶段，铁路车站、汽车客运站、民航机场、港口客运站等单一方式客运枢纽逐渐从分散、独立向一体、融合发展，综合客运枢纽应运而生，促进了旅客在途时间和换乘时间的缩短。

城市交通枢纽是两种及以上城市公共交通方式、同一种城市公共交通方式不同线路相衔接，主要承担城市内部不同交通方式或同一种城市交通方式不同线路之间换乘功能的场站。

换乘量

换乘量是客运枢纽内不同运输方式间或同一运输方式不同线路间换乘的旅客数量之和。

四川成都犀浦站动车地铁双向同台换乘

旅客换乘的形式包括对外运输方式之间、对外运输方式与城市交通方式之间、城市交通方式之间、同种方式不同线路之间等。换乘量诠释了客运枢纽中不同方式间、同一方式不同线路间换乘关系的量化概念，是确定客运枢纽各类运输设施建设规模、平面布局方案、集疏运系统配置的定量依据。

　　两种运输方式间换乘量大，表明两种方式之间旅客转乘数量多，两种方式之间的关联性强，在综合客运枢纽平面布局方案设计时应尽可能缩短两种方式之间的换乘距离，如铁路主导型综合客运枢纽内铁路与公路换乘量大，则铁路出站口与公路进站口邻近设置。同一方式不同线路之间换乘量大，表明同方式之间换乘转换的旅客数量多，在单方式客运站场内部布置时应尽可能提供便捷、安全的换乘通道，如一些铁路主导型综合客运枢纽内，在铁路站台层设置了便捷换乘通道，方便旅客在高铁、动车车次间的换乘。

　　综合客运枢纽内某方式的发送量、到达量均可以通过该方式与其他方式之间、该方式内不同线路之间的换乘量加总得到。

换乘设施

　　换乘设施是指客运枢纽内供旅客在不同交通方式之间、同一交通方式不同线路之间转换的场所或设施。

　　按照表现形态，换乘设施包括换乘广场、换乘大厅、换乘通道、换

香港西九龙站天幕顶空中换乘走廊

北京大兴国际机场换乘大厅

乘廊道、换乘楼梯等。①换乘广场。旅客换乘集散的室外场地，除设有客运汽车等旅客乘降场所外，兼具休憩、景观、防灾疏散等功能。②换乘大厅。旅客换乘集散的室内场所，兼有人流疏散、购票检票等功能。此外，部分客运枢纽为了提升服务功能，在换乘大厅内配套有商业设施。③换乘通道。旅客换乘的走行步道，连接不同交通方式或者同一方式不同线路的线形换乘设施。大型客运枢纽内的换乘通道还设有自动步道。

北京天通苑北交通枢纽换乘通道

④换乘廊道。枢纽建筑体外部具有防晒避雨功能的旅客通道，以连接不同交通方式候车（机、船）楼。⑤换乘楼梯。换乘大厅内不同高度功能区之间的连接设施或设备，包括步行楼梯、自动扶梯和直梯。

换乘设施承担旅客在客运枢纽内完成不同方式、同一方式不同线路间换乘功能，是客运枢纽各方式有机衔接的具体体现。

引导标识

引导标识是用于指示旅客通往预期目的地路线的公共信息标志，通常附设于客运枢纽内部、公共空间、出入口及周边地区，由图形标识和文字标识与箭头符号组合而成，以引导旅客进行空间定位、指示进出口和换乘路径，以及在特殊情况下的紧急疏散出口等。

引导标识按照功能可分为引导性、识别（位置）性、综合方位性、辅助性四类。引导性标识主要以线条、线标及箭头指示方式呈现，是将旅客引导至特定目的地或方向的视觉标志。识别（位置）性标识具有明显的点状性质，使旅客对特定目的地进行辨识和认知。综合方位性标识多以大中型地图，平面、立体示意图等方式呈现出客运枢纽内某个层面、区域或整体空间设施相对位置关系，以及枢纽外围重要交通空间信息。辅助性标识包括说明、警告、管制、装饰以及无障碍设施的标志。

引导标识的服务对象包括旅客、接送人员、各类交通工具的驾驶者，外来购物、休闲、旅游人员以及管理和服务人员等；服务空间包括站台、等候区、停靠区、公共换乘大厅、换乘通道、紧急通道、贵宾通道、站前广场以及商务区等。

引导标识的设计应符合 GB/T 20501.1 ～ 20501.4、GB/T 20501.6、GB/T 20501.7 和 GB/T 51223 的要求，信息明确，简洁完整，易于识别与读取，并保证每种图形符号的单义性和可识别性。在同一客运枢纽内，不同交通方式引导标识的图形、箭头、文字、颜色等关键要素相互一致，满足旅客在换乘过程中对导

车站引导标识

向信息的连续性、一致性要求。

上海虹桥综合客运枢纽

上海虹桥综合客运枢纽是中国现代化大型综合交通枢纽，实现了高速铁路、城际和城市轨道交通、公共汽车、出租车及航空港等的紧密衔接，又称上海虹桥综合交通枢纽。

2005 年 3 月，上海市人民政府提出了在虹桥机场西侧发展综合交通枢纽的构想。经过 4 年多的建设，虹桥综合客运枢纽于 2010 年底全面投入运营。该枢纽位于上海虹桥商务区内，由上海虹桥国际机场、铁路上海虹桥站、上海虹桥汽车客运西站、东西交通中心和地铁站等组成，具有民用航空、高速铁路、城际铁路、磁悬浮、公路、地铁、地面公交、出租车、社会车辆等多种交通工具到发及换乘功能。

上海虹桥综合客运枢纽为航空主导型综合客运枢纽。其中，虹桥机

场为 4E 级民用国际机场、一类航空口岸，拥有 1、2 号航站楼，2 条跑道；铁路虹桥站共 16 站台 30 股道，连接了京沪高速铁路、沪汉蓉高速铁路、沪昆高速铁路、沪杭甬客运专线等；汽车客运西站具有发往江苏、浙江等省份的客运班线；磁悬浮站位于铁路虹桥站的东侧；东、西交通中心位于铁路虹桥站的东、西两侧，主要为公交站和社会车辆停车场；地铁站是上海地铁 2、5、10、17 号线的换乘站；位于地下一层的换乘通道串联起机场、铁路站、汽车客运站三大对外枢纽，东西交通中心，地铁换乘大厅和出租车上客点。

上海虹桥综合客运枢纽实现"空铁联运"

德国柏林中央火车站

德国柏林中央火车站位于德国柏林，集高速铁路、普速铁路、城际铁路、地铁等轨道交通，以及电车、公共汽车、出租车、旅游三轮车等多种交通方式于一体，实现了各种交通方式在换乘大厅内立体换乘，为铁路主导型综合客运枢纽，是欧洲最大的轨道交通枢纽。

柏林中央火车站是在原莱特尔车站的旧址上重新修建，于 2006 年 5 月 26 日正式运营。车站占地 1.5 万平方米，主体建筑为一个上下 5 层贯通的换乘大厅，地上三层为东西向铁路的高架站台（2 个为市域快速轨道交通站台，1 个为高速铁路站台），地下二层是南北向的地下轨道交通站台，分别为普速铁路、高速铁路及地铁服务。地上一、二层及地下一层为换乘层（包括进出大厅的地面层）。旅客在柏林中央火车站内不出站就能够换乘不同方向、不同线路的列车。

德国柏林中央火车站

柏林中央火车站日接发班次 1100 列，其中远程干线高速列车 160 列、区域列车 310 列、城铁列车 600 列，日均旅客吞吐量 30 万人次。

◆ **货运枢纽**

货运枢纽是货物运输生产各环节之间以及不同运输方式间相互衔接的作业与服务场站。

货运枢纽具有运输生产组织、货物到发、中转衔接以及换装、仓储的功能，是货物运输与生产、仓储、流通等领域间协调的重要节点。

早期的货运枢纽主要指铁路货运站场、港口码头、机场等。作为传统意义上的货运枢纽，主要办理货物发送、到达、中转、理货、装卸等基本业务。随着现代物流的发展，货运枢纽逐渐与现代物流相融合，拓展了仓储、分拨、配载、配送、信息服务、多式联运、中转换装以及简单加工等综合货运服务功能，即成为具有现代意义的货运枢纽。

综合货运枢纽是货运枢纽中的最主要形式，由铁路货场、港口码头、机场货运站、公路货运站等设施与货物到发、仓储、堆存、配送、中转等作业区共同构成，主要功能是进行货物在多种运输方式之间或同一运输方式内 多个运输工具之间的换装作业等。按照主导方的不同，综合货运枢纽划分为铁路主导型、水运主导型、航空主导型、公路主导型等类型。铁路主导型综合货运枢纽是以铁路运输服务功能为主，依托铁路

厦门港集装箱码头

货运站形成。水运主导型综合货运枢纽是以水路运输服务功能为主，依托港口货运作业区形成。航空主导型综合货运枢纽是以航空运输服务功能为主，依托机场货运作业区形成。公路主导型综合货运枢纽是以公路运输服务功能为主，依托公路货运站形成。

换装作业设施

换装作业设施是指货物在不同运输方式之间转换的过程中，利用装载单元换装或直接进行装卸、搬运等换装作业活动时所配置的设施。装载单元是货物在不同运输方式之间实现快速装卸和转换的标准化储运器具，主要有集装箱、半挂车、交换箱体等。

换装作业设施可分为基础设施和装备设施。基础设施是供换装作业使用的建筑、线路或场地，包括码头泊位、码头前沿、铁路专用线、堆场、仓库等。装备设施是供长期换装作业使用，并在起重、搬运和装卸作业中基本保持原有实物形态的机械或器具，包括岸边装卸、火车装卸、水平运输、库场装卸机械或器具等。

换装设备

换装设备是货物在不同运输方式之间进行换装使用的起重、搬运和装卸作业机械。包含利用装载单元转换或直接装卸、搬运等作业活动所需的设备，如起重设备、连续运输设备、装卸搬运车辆、专用装卸搬运设备等。

换装机械包括起重机、铁路平车、标准托盘等。起重机用于集装箱、半挂车或交换箱体的吊装，如港口的集装箱岸桥、海运和铁路集装箱堆

青岛港外贸集装箱码头货轮使用集装箱起重机装卸集装箱

场的龙门吊、内河码头的旋转吊等各种集装箱起重机。铁路平车可用于运输载货汽车、（半）挂车或者集装箱等运载单元的专用铁路车辆，中国于 2005 年 12 月研发出 X4K 新型铁路平车，该车可以装载 3 个 20 英尺国际标准集装箱或 1 个 40 英尺和 1 个 20 英尺国际标准集装箱。也可单独装运 1 个 40 英尺、45 英尺、48 英尺、53 英尺等长大集装箱。标准托盘是用来集结、堆存货物以便装卸和搬运的水平板，美国、欧洲和中国均采用 ISO 6780 标准系列中的托盘。

陆港

陆港是设在内陆城市为进出口货物提供口岸服务的货运枢纽或运输作业站点，又称内陆无水港。

陆港具有沿海港口或边境口岸的基本功能，兼有现代物流操作平台，可为内陆地区提供方便快捷的港口或国际货物运输业务。陆港一般依托铁路、公路等陆路交通或站场设施，具有货物装卸、集散、配载、中转、多式联运组织与运输服务配套等功能。

陆港配置有国际货运单证作业区、保税仓储作业区、公路货运作业区、铁路货运作业区等核心设施。按照功能

郑州国际陆港联检中心

分为三级：一级为保税综合型陆港，提供国际物流单证作业、保税仓储作业、公路—铁路联运国际货物运输等完备的口岸服务；二级为联运型陆港，提供国际货运单证作业、公路—铁路联运国际货物运输服务，是多式联运操作平台；三级为公路型 / 铁路型陆港，提供国际货运单证作业、公路或铁路国际货物运输服务，具备陆港的基本功能。

具有完备口岸功能和国际物流服务业务的陆港又称国际陆港。2013年11月7日，中国等14个成员国在泰国曼谷签署了联合国亚太经社会（ESCAP）《政府间陆港协定》，其中，中国拥有义乌内陆口岸场站、新疆铁路国际物流园等17个国际陆港。

◆ **枢纽集疏运系统**

枢纽集疏运系统是为交通枢纽到达或发送的旅客或货物提供集中和疏散服务的交通运输系统。

枢纽集疏运系统包括集疏运通道、集疏运设施和设备、集疏运信息系统、集疏运管理体系四大要素。①集疏运通道。包括外部通道和内部

通道，一般情况下主要指外部通道。它包含枢纽与其腹地衔接的高速公路、城市道路、铁路、内河航道等，内部通道是枢纽内联系各功能区、衔接枢纽出入口与外部集疏运通道的线路。②集疏运设施和设备。包括集散中心、中转节点等设施，叉车、起重机械、皮带机等设备，以及铁路车辆、船舶、卡车及挂车等运载工具。③集疏运信息系统。为枢纽各方式集疏运提供信息服务，提升旅客和货物集疏运中转效率，一般作为枢纽信息服务系统的组成部分。④集疏运管理体系。是保障集疏运体系运行顺畅的运行机制、税费等的体系。

通常情况下，枢纽内部集疏运通道、集疏运设施和设备、集疏运信息系统、集疏运管理体系与枢纽本身统一规划、密不可分。枢纽外部集疏运通道是枢纽与服务腹地、运输通道和其他枢纽之间连接的线路，针对不同的交通枢纽构建不同的集疏运系统，如港口枢纽集疏运主要为铁路、公路、内河与沿海等可进行长距离运输的线路；铁路枢纽集疏运主要为进行中短距离运输的地区性公路运输网，或者为打通"最后一公里"而建设的衔接运输线路。

枢纽集疏运系统是沟通枢纽与服务腹地之间的桥梁，体现了枢纽与腹地之间的相互依赖性，其运行效率体现了枢纽客货流集疏能力，并直接影响到枢纽服务腹地的范围及规模。

绿色交通

绿色交通是以尽可能少的资源消耗、环境污染和生态损害，提供高效、可持续的交通运输服务。在最大限度满足社会经济发展对交通运输需求的基础上，将交通运输对能源、土地、资金等资源的占用，以及对空气、水体、声环境等自然生态要素的破坏降到最低，形成可持续发展的交通运输体系。

绿色交通具有明确的发展目标、实践路径和实施主体。它以降低资源消耗、促进环境友好、提高交通运行效率、推动经济社会协调发展为目标，以基础设施建设、交通工具运行、客货运输组织等交通运输全过程和全领域为优化范围，通过政府、企业与社会公众的紧密协作，推广低消耗、低污染、高效率、高循环的产品装备与技术，提升交通运输正外部性（提高交通效率、促进社会公平），降低负外部性（减少资源消耗、降低环境污染），从而实现交通、社会、经济、资源、环境和谐共生。

绿色交通概念起源于 1994 年加拿大学者 C. 布拉德肖（Chris Bradshaw）关于绿色交通等级（Green Transportation Hierarchy）的论述。他将交通出行方式按"绿色"性能进行优先级排序，由高到低依次为步行、自行车、公共交通、商务车 / 货运车辆、出租汽车，最后是单人驾驶车辆。当前，全球由工业文明向生态文明转型，将生态文明建设融入交通运输发展的各个方面和全部过程，节约资源、保护环境、提高效率、促进公平，使交通运输发展控制在资源与环境承载力之内，促进生态文明建设。绿色交通的实现方式有三类重点方向和五大核心手段。①三类重点方向是优化运输结构、推动城市绿色出行、发展绿色装备与设施。优化运输结构，根据铁路、公路、水路、民航、管道

新能源电动公交车

等运输方式之间具有一定的可替代性，调整优化运输结构，优先采用资源节约、环境友好的交通运输方式，提高其运输比重。推动城市绿色出行，一方面通过优化城市空间布局，从源头上降低城市交通出行需求量，缩短交通出行距离；另一方面通过优先发展高品质的公共交通、步行和自行车交通，推进实施差别化交通需求管理，引导公众和家庭出行选择集约化、节能环保的出行方式。发展绿色装备与设施，一是要通过技术改造、技术升级和加快老旧车船更新，提高运输设备、装卸机械、施工机械等重点用能设备的能源利用效率，提高清洁能源车船的比例，大幅降低工程和运输装备的污染物排放；二是要在交通基础设施建设中广泛采用各种绿色低碳技术，大幅降低基础设施建设中的能源消耗强度和污染物排放。②五大核心手段为规划手段、立法手段、经济手段、信息手段和技术手段。规划手段通过优化城市空间结构与土地利用模式，降低交通需求产生量，缩短出行距离；构建完善的综合运输服务网络，优化城市道路网络配置，明显改善绿色出行环境。立法手段主要是制定完善交通运输节能减排相关政策、法规、标准等宏观政策以及相应的制度，调动企业和社会参与的积极性、自觉性。经济手段主要通过税收杠杆等市场激励手段，有效降低和消除机动车的负外部性，鼓励公众购买和使用低能耗、低排放的交通工具。信息手段则为广泛应用智能交通和信息化技术，引导出行行为合理化，使交通供需在时间、空间上更加均衡，减轻交通拥堵和延误。技术手段包括研究推广先进载运工具和燃料技术，提升运输组织管理和服务能力，以及开发应用交通规划和项目投资的数据、工具和决策支持系统。

城市群交通运输

城市群交通运输指城市群内不同行政区之间构建的交通运输系统及其旅客和货物的运送活动。在空间组织紧凑、经济联系紧密的城市群体环境下，其交通具有空间跨行政边界、多种出行目的交通流叠加的特征。构建大运量、快捷的交通运输系统，实现高强度、高频次、快速度、多样化的旅客和货物运输，是城市群交通运输的主要任务。

城市群交通运输的核心要求是打破阻碍交通运输衔接的行政壁垒和时空壁垒，实现高度一体化客货运输，包括多模式交通网络一体化、枢纽一体化和运输一体化等。网络一体化既包括铁路、公路、水路等各种方式的一体化，也包括城市群交通、都市圈交通、城市交通等多个空间层级的一体化。枢纽一体化是推进综合交通枢纽一体化规划建设，提高换乘换装水平，完善集疏运体系，降低客货转换时间和成本。运输一体化是考虑出发地到目的地全流程、全尺度的速度，重视出行两端的"最后一公里"和中途的"接驳换乘"环节，构建城市群范围内"一票到底"的客运服务体系和"一单到底"的货运服务体系。运输一体化还包括城市群交通的实施机制，涉及规划、建设、运营、管理等诸多方面，特别是跨行政区的协调。

　　为满足城市群客货运输需求，应重点建设轨道交通和高速公路等快速骨干设施，完善干线铁路、城际铁路和市域（郊）铁路的功能与布局，高效衔接大中小城市和小城镇，形成快速便捷的区域交通运输网络。同时，适应城市群地区核心城市、节点城市、小城镇、经济新区等不同区域间的联系需求，强化区域交通运输网络与城市交通网的衔接，提升一体化运输服务水平。

京津城际铁路

本书编著者名单

编著者 （按姓氏笔画排列）

马云宾　　王　丽　　石小法　　叶建红

朱苍晖　　刘　松　　刘广文　　刘朝阳

闫明珍　　关中原　　李　健　　李玉星

李秋扬　　杨承汉　　余志峰　　陈　璟

陈光联　　陈国群　　苗　青　　林　坦

林宝辉　　徐俊科　　徐海红　　徐瑞华

程梦鹏　　曾力波　　谢　典